JN334622

保育所経営への
営利法人の参入

実態の検証と展望

石田 慎二

法律文化社

目　　次

序　章 ──────────────────────────── 1

　1　研究の背景　1
　2　先行研究の検討と問題意識　8
　3　本書の目的と方法　14
　4　本書の構成　15

第Ⅰ部　保育政策における営利法人の位置づけ

第1章　ベビーホテル問題以前の保育政策 ──────── 23
　　　　　──営利法人を放置──

　1　本章の目的　23
　2　児童福祉法立案・制定過程における営利法人に関する規定　25
　3　民間の児童福祉施設に対する公的助成　28
　4　保育所の設置主体を社会福祉法人に限定　30
　5　ベビーホテル問題以前の保育政策における営利法人の位置づけ　31
　6　小　括　34

第2章　ベビーホテル対策と営利法人 ──────────── 36
　　　　　──営利法人に対する規制──

　1　本章の目的　36

i

2　ベビーホテル対策の展開　38
　　3　ベビーホテル対策における営利法人に対する政策　40
　　4　保育政策における営利法人の位置づけ　45
　　5　営利法人に対する政策の背景　46
　　6　小　括　49

第3章　営利法人に対する政策の変容 ──────── 52
　　　　　──健全育成・参入促進へ──

　　1　本章の目的　52
　　2　認可外保育施設に対する規制の強化　53
　　3　認可外保育施設に対する健全育成策の展開　56
　　4　保育所経営への営利法人の参入　59
　　5　保育政策における営利法人の位置づけの変容　69
　　6　小　括　71

第4章　子ども・子育て関連三法が営利法人の参入に
　　　　　与える影響 ──────────────── 75

　　1　本章の目的　75
　　2　子ども・子育て関連三法の成立　76
　　3　子ども・子育て関連三法の内容　78
　　4　子ども・子育て関連三法における営利法人に対する政策　82
　　5　小　括　85

第Ⅱ部　営利法人が提供する保育サービスの検証

第5章　保育サービスをどのように評価するか ──── 89

　　1　本章の目的　89

2　保育サービス評価の基本的枠組み　90
　　3　わが国における事業評価の取り組み　92
　　4　わが国における事業評価研究の動向　94
　　5　保育サービスに関する事業評価研究の課題　97
　　6　本書で用いる保育サービスの事業評価の方法　99

第6章　営利法人が経営する保育所の事業実施状況に関する比較分析 ── 103

　　1　本章の目的　103
　　2　調査の概要　103
　　3　調査の結果　105
　　4　調査結果の考察　116

第7章　営利法人が提供する保育サービスの構造評価による比較分析 ── 119

　　1　本章の目的　119
　　2　調査の概要　119
　　3　調査の結果　122
　　4　調査結果の考察　134

第8章　営利法人に対する保育政策の課題と展望 ── 137

　　1　本章の目的　137
　　2　調査結果が示唆する保育政策の課題　138
　　3　営利法人に対する保育政策の展望　145

終　章 ── 153

　　1　総　括　153
　　2　本書の意義と残された研究課題　160

補　論　営利法人を取り巻く新たな動向 ──────── 163
　　1　子ども・子育て関連三法に基づく新制度の動向　163
　　2　社会福祉法人改革の動向　167

文　献
参考資料
あとがき
索　引

序　章

1　研究の背景

(1) 営利法人の参入のインパクト

　2000年以前の民間の保育所の設置経営は、1963年に通知された「保育所の設置認可等について」（児発第271号）によって、保育事業の公共性、純粋性および永続性を確保し事業の健全なる進展を図る観点から原則として社会福祉法人が行うものとされていた。しかし、2000年3月に「保育所の設置認可等について」（児発第295号）が通知されたことによって、営利法人、学校法人、特定非営利活動法人（以下「NPO法人」とする）などの多様な経営主体が保育所経営に新しく参入できるようになった。

　このような保育所経営への多様な経営主体の参入が議論されるようになったのは1990年代後半に入ってからである。1997年の児童福祉法改正によって保育所の入所方式が措置制度から利用制度へ転換したことを契機として、多様な経営主体の参入が議論されるようになる。この動きは社会福祉基礎構造改革や規制改革の動向と結びついて加速していき、2000年3月の通知によって多様な経営主体が保育所経営に新しく参入できるようになったのである。

　多様な経営主体のなかでも、とりわけ営利法人の参入は保育制度のあり方に大きなインパクトを与えた。営利法人に対しては、営利主義は社会福祉サービスの提供になじまない、公共性が確保されない、営利追求によってサービスの

質が低下するなど否定的な見解も多い。2000年3月の通知によって営利法人が保育所経営に参入できるようになってからも、営利法人の参入の是非はたびたび議論の俎上に載せられている。詳しくは第4章で述べていくが、近年の子ども・子育て関連三法の議論においても営利法人の参入が取り上げられており、今後の保育政策を議論するうえで軽視できない存在となっている。

(2) 進まない営利法人の参入

それでは2000年3月以降、保育所経営への営利法人はどれほど進んだのだろうか。「社会福祉施設等調査報告」(厚生労働省)によると、2010年10月1日現在、保育所は全国で2万1,681か所設置されている。その内訳をみると、公立保育所が1万347か所(47.7%)、私立保育所が1万1,334か所(52.3%)で、私立保育所のほうが若干多くなっている。2000年～2010年までの設置主体別保育所数の推移(表0-1)をみると、公立保育所が減少している一方で、私立保育所は増加していることがわかる。私立保育所の内訳をみていくと、「社会福祉法人」が設置した保育所は1万163か所で私立保育所の89.7％を占めている。営利法人を含む「その他の法人」が設置した保育所は年々増加しているが1,005か所(8.9％)に留まっている。

「保育所設置に係る多様な主体の認可状況等について」(厚生労働省雇用均等・児童家庭局保育課)によると、2000年3月30日に「保育所の設置認可等について」(児発第295号)が通知されて営利法人の参入が認められてから2001年4月1日までの間に営利法人によって設置された保育所はわずか6か所であった。

また、『社会福祉施設等名簿』(厚生労働省大臣官房統計情報部社会統計課編)によると、営利法人が設置した保育所は、2002年で19か所、2005年で76か所、2007年で115か所となっている(いずれも10月1日現在)。さらに、厚生労働省保育課調べによると、営利法人(株式会社)が設置した保育所は、2012年4月1日現在で376か所となっている。設置主体別保育所認可の状況(表0-2)をみると、2007年から2012年にかけて営利法人が設置した保育所は258か所増加しており、その数は3.18倍となっている。

このように営利法人が設置した保育所は年々増加しているものの保育所数全

序章

表0-1　保育所数の推移（各年10月1日現在）

	総数	公立	私立	社会福祉法人	その他の法人	その他
2000	22,199	12,967	9,232	8,347	572	313
2001	22,231	12,841	9,390	8,533	589	268
2002	22,288	12,712	9,576	8,706	610	260
2003	22,391	12,566	9,825	8,939	640	246
2004	22,494	12,381	10,113	9,193	674	246
2005	22,624	12,099	10,525	9,546	748	231
2006	22,720	11,873	10,847	9,827	798	222
2007	22,838	11,637	11,201	10,120	865	216
2008	22,898	11,353	11,545	10,390	952	203
2009	22,250	10,804	11,446	10,328	941	177
2010	21,681	10,347	11,334	10,163	1,005	166

出所）「社会福祉施設等調査報告」各年版より作成。

表0-2　設置主体別保育所認可の状況（各年4月1日現在）

	市町村	社会福祉法人	社団法人	財団法人	学校法人	宗教法人	NPO	株式会社	個人	その他	計
2007	11,603	10,163	4	227	171	277	54	118	212	19	22,848
2008	11,328	10,417	20	220	227	266	59	179	201	22	22,909
2009	11,008	10,703	11	210	266	268	66	157	190	46	22,925
2010	10,766	11,026	6	197	321	260	66	215	176	35	23,068
2011	10,515	11,434	6	175	434	257	75	288	167	34	23,385
2012	10,275	11,873	17	143	508	249	85	376	155	30	23,711

厚生労働省保育課調べ　※2011年は岩手県、宮城県、福島県の8市町を除く

出所）若林俊郎（2013）「営利企業による保育所経営、運営受託の実態」全国保育団体連絡会・保育研究所編
『保育白書2013』ひとなる書房、66頁。

体に占める割合は2012年4月1日現在で1.6％にすぎず、全国的にみると営利法人の参入が保育所数の量的拡大に大きく寄与しているとは言えない状況にある。

(3) 都道府県別にみた営利法人の参入状況

　前項において全国的には保育所経営への営利法人の参入が進んでいないこと

表0-3　都道府県別営利法人が設置する保育所数（2007年10月1日現在）

都道府県	施設数	%	都道府県	施設数	%
神奈川県	53	46.1	静岡県	3	2.6
東京都	11	9.6	三重県	2	1.7
埼玉県	11	9.6	鳥取県	2	1.7
千葉県	6	5.2	青森県	1	0.9
宮城県	6	5.2	茨城県	1	0.9
兵庫県	5	4.3	栃木県	1	0.9
広島県	4	3.5	新潟県	1	0.9
愛知県	3	2.6	大阪府	1	0.9
福島県	3	2.6	長崎県	1	0.9
			計	115	100

出所）『社会福祉施設等名簿』2007年版より作成。

を明らかにしたが、都道府県別にみると、どのような状況になっているのだろうか。

『社会福祉施設等名簿』によると、2007年10月1日現在、営利法人が設置する保育所は、神奈川県が53か所で最も多く、次いで東京都、埼玉県がともに11か所、千葉県、宮城県がともに6か所となっている（表0-3）。神奈川県の保育所数が他の都道府県と比較して圧倒的に多く、営利法人立保育所全体の46.1％を占めている。47都道府県のうち営利法人が保育所を設置しているのは18都府県となっており、全国的にみると営利法人が保育所を設置していない都道府県のほうが多いことがわかる。また、営利法人が設置する保育所は東京都、神奈川県、埼玉県、千葉県の4都県で約7割を占めており、首都圏を中心に設置が推進されていることがうかがえる。

「保育所入所待機児童数調査」（厚生労働省保育課）によると、2007年4月1日現在、待機児童の多い上位5つの都道府県は、東京都、沖縄県、神奈川県、大阪府、埼玉県となっているが、沖縄県、大阪府は、待機児童の多い地域であるにもかかわらず、営利法人の参入が進んでいない。

このように営利法人の参入状況は都道府県ごとに大きな違いがあり、比較的待機児童が多い首都圏、とりわけ神奈川県に集中しているが、必ずしも待機児

序章

表0-4　神奈川県における保育所数の推移（各年10月1日現在）

	2002年	2005年	2007年	増加数[※1]	増加率[※2]
総数	727	824	892	165	1.23
公立保育所	367	355	340	−27	0.93
私立保育所	360	469	552	192	1.53
公設民営保育所	9	11	19	10	2.11
営利法人立保育所	2	31	53	51	26.50

※1　増加数は2002年10月から2007年10月までの増加数。
※2　増加率は2002年10月から2007年10月までの増加率。
出所）「社会福祉施設等調査報告」、『社会福祉施設等名簿』各年版より作成。

童数の多いすべての都道府県において推進されているわけではないことがわかる。

　最も営利法人の参入が進んでいる神奈川県をみると、2007年10月1日現在、営利法人が設置する保育所は53か所で、神奈川県内の保育所全体（892か所）の5.9％、私立保育所（552か所）の9.6％となっている。神奈川県における保育所数の推移（表0-4）をみると、2002年から2007年にかけて営利法人が設置する保育所は51か所増加しており、増加率は26.5となっている。また、その増加数は同期間の私立保育所の増加数（192か所）の26.6％となっている。つまり、神奈川県においては、2002年から2007年の私立保育所の増加数に占める営利法人の割合は約4分の1となっており、保育所数の量的拡大に一定の役割を果たしていることがうかがえる。ただし、神奈川県における営利法人が設置する保育所の約8割は横浜市に設置されている。このことに鑑みると、これは神奈川県の特徴というよりむしろ横浜市の特徴とみることができる。

　その横浜市は2013年5月に保育所待機児童ゼロを公表したが、横浜市の状況[2]をみると、2013年4月1日現在、営利法人が設置する保育所は152か所で、私立保育所全体（490か所）の31.0％となっている。また、横浜市において2013年4月1日に新たに開所した69か所のうち、営利法人が設置した保育所は39か所で56.5％となっている。つまり、横浜市においては、営利法人が設置する保育所は私立保育所の約3割を占め、私立保育所の増加数に占める営利法人の割合も5割を超えていることから、営利法人の参入が保育所数の量的拡大に大き

く寄与していることがうかがえる。

(4) 介護サービス分野では進む営利法人の参入

　これまでみてきたように最も参入が進んでいる神奈川県、とりわけ横浜市においては営利法人の参入が保育所の量的拡大に一定の役割を果たしているが、全国的にみると営利法人の参入は保育所の量的拡大に大きく寄与しているとは言えない状況にある。

　このような量的拡大という点からみると、保育サービス分野と同様に営利法人が参入している介護サービス分野は対照的である。介護サービス分野では2000年4月の介護保険法の施行により保育サービス分野と同時期に居宅サービス事業所の経営に営利法人が参入できるようになった。

　「介護サービス施設・事業所調査」（厚生労働省統計情報部）から経営主体別の介護サービス事業所の構成割合（表0-5）をみると、2011年10月現在、各事業所において営利法人が占める割合は、「訪問介護」で58.6％、「通所介護」で46.4％、「短期入所生活介護」で8.3％、「認知症対応型共同生活介護」で52.3％、「居宅介護支援」で40.6％となっている。保育所と同じ通所形態の「通所介護」では、営利法人が通所介護事業所全体の約半数を占めており、営利法人の参入がサービスの量的拡大に大きく寄与していることがうかがえる。

　このように介護サービス分野では営利法人の参入がサービスの量的拡大に大きく寄与しているのに対して、保育所経営への営利法人の参入が進んでいない要因はどこにあるのだろうか。この点について、介護保険制度と保育所制度の仕組みの比較から検討すると以下のような要因が考えられる。

　第1は、設置認可に係る取り扱いの違いである。介護保険制度に導入された指定制は、客観的な基準を満たした事業者に対して都道府県の裁量性がない。そのことが飛躍的なサービスの量的拡大の要因のひとつと考えられている。一方、保育所制度は、認可制をとっており、保育所設置の可否の判断に関して都道府県の幅広い裁量が認められている。つまり、児童福祉施設の設備及び運営に関する基準を満たしている事業者からの申請であっても、都道府県の方針や状況によっては認可されないことがあるということである。

表0-5　経営主体別の介護サービス事業所の構成割合（2011年10月1日現在）
(%)

	訪問介護	通所介護	短期入所生活介護	認知症対応型共同生活介護	居宅介護支援
社会福祉法人	23.9	36.9	84.5	23.7	29.4
営利法人	58.6	46.4	8.3	52.3	40.6
NPO法人	5.6	5.1	0.4	4.8	3.5

出所）厚生労働省統計情報部「平成23年介護サービス施設・事業所調査」より作成。

　このことは待機児童の多い地域であるにもかかわらず営利法人の参入が進んでいない都道府県があるということにも関連している。つまり、独自の助成制度によって認可外保育施設の分野で営利法人の参入を促進してきた神奈川県や東京都は、待機児童解消の手段のひとつとして営利法人の参入をとらえているため、参入が促進されていると考えられる。これに対して、沖縄県や大阪府は、待機児童解消の手段として、営利法人の参入という手段でなく、社会福祉法人への支援など他の手段を用いているため、営利法人の参入が促進されていないと考えられる。

　第2は、報酬体系の違いである。介護保険制度に導入された利用者補助制度では、介護サービス事業者が代理受領する形で介護報酬が介護サービス事業者へ支払われる。一方、保育所制度では事業者補助制度をとっており、事業者に支払われる保育所運営費[3]の使途は制限されている。保育所運営費から利潤を上げ、株式会社への配当に充当することも認められていない。

　このような介護保険制度と保育所制度の仕組みの違いが保育所経営への営利法人の参入が進んでいない要因のひとつとなっていると考えられる。

(5) 子ども・子育て関連三法が営利法人の参入に与える影響

　2012年8月22日に、いわゆる「子ども・子育て関連三法」[4]が公布され、これに基づく新制度は2015年度に本格施行が予定されている。この新制度においては、保育所の設置認可に係る取り扱いが改められ、保育需要が充足されていない地域において審査基準に適合している事業者から保育所の設置に係る申請が

あった場合には、設置主体を問わず、認可するものとされている。また、2013年5月15日には、厚生労働省雇用均等・児童家庭局から「新制度を見据えた保育所の設置認可等について」(雇児発0515第12号)が通知され、新制度への移行前においても運用することとされた[5]。

つまり、子ども・子育て関連三法に基づく新制度の施行前から、基準に適合している場合には営利法人であったとしても認可するものとされたことによって、これまで都道府県の裁量によって参入が進んでこなかった地域においても、今後は保育所経営への営利法人の参入が進む可能性がある。

2　先行研究の検討と問題意識

(1)　営利法人に焦点をあてた保育政策研究の必要性

2000年3月に「保育所の設置認可等について」(児発第295号)が通知されたことによって保育所経営に営利法人が新しく参入できることになり、それ以降も保育制度の改革が推進されている。このような保育制度の改革およびその施策の展開については、これまでも多くの研究が重ねられてきている。

柏女は、このような保育制度に関する施策の実施や法改正の動向とその論点について整理したうえで、子ども家庭福祉・保育改革の方向性や課題などについて考察している(柏女 2001、2006、2008、2011など)。柏女は、2000年以降だけをみても10冊近くの単著を出版しており、まさに「時代とともに走りながらまとめた」(柏女 2011：ⅲ)提言を行っている。

柏女(2011：255)は、子ども家庭福祉サービス供給体制について、今後、①市町村中心(都道府県との適切な役割分担)、②契約と職権保護のバランス、③施設と在宅サービスのバランス、④個人給付と事業主補助のバランス、⑤税を中心としつつ社会保険を加味、⑥保健福祉と教育の統合・連携、⑦積極的司法関与、の方向性を念頭に再構築に向けて検討することが必要と提言している。

さらに、新たな保育システムの導入を目指す子ども・子育て新システムについては、制度検討にあたって留意すべき事項として、以下の8点を指摘している(柏女 2011：70)。

①財源の確保、一元化策についての十分な検討
②市町村の関与の在り方や子育て支援プランの策定など実施体制の検討
③保育所、幼稚園の社会的役割を混乱させない仕組みの創設
④事業者が安定的、意欲的に事業展開できる仕組み
⑤子ども家庭福祉・保育の質の確保、向上に関するインセンティブが働く仕組み
⑥担い手である保育士資格の再構築
⑦特別な支援が必要な子どもと保護者を確実に救済するソーシャルワーク機能の担保
⑧社会的養護や障害児を包含する仕組み

　また、山縣（2002）は、保育サービスの基本的枠組みと機能、成り立ちと動向を整理したうえで、21世紀の社会福祉の論点として、①利用者の明確化、②利用者の主体的力の強化、③ケアマネジメントの基盤整備、④社会福祉実践専門職の専門性と信頼性の確保、⑤総合的なソーシャルアドミニストレーション、⑥新たな地域福祉論の構築、⑦地方分権から地方主権への転換、の7点を取り上げて、保育サービスを含む今後の課題を広く検討している。

　さらに、21世紀の保育サービスの課題として、①少子化対策としての保育サービスの実際と評価、②地域子育て支援、③公営保育所改革とその展望、④過疎地域の保育サービスのあり方、⑤ベビーホテルと認可外保育サービス、⑥情報提供とサービスの質の向上、の6点を取り上げて検討している。

　国や地方自治体の審議会等の委員を務め、政策への影響力が強い柏女や山縣の研究は、保育所経営への営利法人の参入に対してどのような政策を展開していくべきかを検討していくうえでも参考になると思われる。とりわけ、保育制度のみならず子ども家庭福祉サービス全体の動向を踏まえたうえで保育制度の課題や論点を検討している俯瞰的な視点は、本書を執筆していくうえでも大切にしたい。

　しかしながら、柏女や山縣の研究では、営利法人に関して部分的には言及されているものの、営利法人による保育サービスの提供そのものに焦点をあてたものではなく、その課題や論点についてはほとんど言及されていない。この点

は佐橋(2006)も同様である。佐橋(2006)は、準市場の概念を使用して2000年以降の保育制度の改革を分析しているが、準市場の枠組みにおけるサービス提供者間の比較、営利法人の位置づけなどについてはほとんど触れられていない。このように保育政策研究においては保育制度の改革そのものの分析、その課題の言及はあるが、営利法人に焦点をあてた研究がほとんど見当たらない。

1980年に社会問題化した、いわゆるベビーホテル問題を契機に営利法人による保育サービスの提供が注目されるようになり、保育政策研究においてもベビーホテル対策が取り上げられてきた。しかしながら、その後、このようなベビーホテル対策に関する研究は、営利法人による保育サービスの提供に対する保育政策に関する研究へと発展していかなかった。それは、ベビーホテル問題のインパクトの大きさから保育関係者に否定的なイメージを残したため、営利法人を肯定的にとらえるような研究がしにくい状況にあったからではないだろうか。

2000年3月に保育所経営に営利法人が新しく参入できることになったのは、保育関係者や社会福祉関係者からの要請というよりむしろ規制改革という経済的側面からの要請が強く影響している。

戦後の保育政策を営利法人に焦点をあてて検討することは、経済的側面からでなく社会福祉の側から営利法人の参入を評価するためにも重要な作業となる。したがって、本書では、保育所経営への営利法人の参入の是非について検討する作業として、保育政策の展開を営利法人に焦点をあてて検討していきたい。

(2) 保育所経営への営利法人の参入の是非

社会福祉分野における営利法人の参入は1990年代後半から本格的に議論されるようになった。1998年6月に中央社会福祉審議会に設置された社会福祉基礎構造改革分科会がとりまとめた「社会福祉基礎構造改革について(中間まとめ)」では、「多様なサービスの提供を確保するため、社会福祉事業についても、事業目的達成に支障を来さないよう十分配慮しつつ、個々の事業の性格等に応じ、経営主体の範囲に関する規制の在り方を見直す必要がある」として、

社会福祉事業の経営主体の範囲を見直すことにより社会福祉事業の枠内に多様なサービスの経営主体を位置づけていく方向で議論が進められた。

　さらに、「中間まとめ」では、直接的に市場原理を導入するということは言及されていないものの、「社会福祉事業の範囲の拡充」、「社会福祉法人の設立要件の緩和」、「多様な事業主体の参入促進」等を通じて、社会福祉サービスの提供者間に競争させるという形で市場原理を導入していくという方向性が示された（茅原 2000：105）。

　つまり、社会福祉基礎構造改革では、規制改革を通じた多様な経営主体の参入促進によるサービスの量的拡大が期待され、さらに市場原理の導入、サービス利用者の選択によってサービスの提供者間に競争原理を働かせ、各々のサービスの質的向上を図るという効果が強調されたのである（茅原 2000：106）。

　保育サービス分野においても、このような社会福祉全体の流れと同様に、営利法人の参入によって保育サービスの量的拡大とともに、保育サービスの質的向上を図るということが主張された。たとえば、行政改革推進本部規制改革委員会が1999年12月14日にとりまとめた「規制改革委員会第2次見解」では、「児童の保育に係る福祉サービスへの民間企業の参入」の項目において「少子化問題解決のためには、保育所への入所待機児童数の動向と併せ、保育の潜在的ニーズにも配慮した保育サービスの量的拡大は必要であり、適切な保育サービスを提供する企業等の民間法人にも認可保育所への道を開くための所要の措置を講ずるべきである」、「これにより、保育サービスの多様化と質の向上を図り、利用者の需要に応じた魅力ある保育サービスの提供が可能になるものと考えられる」と提言している。

　しかしその一方で、保育所経営への営利法人の参入については、営利主義は保育サービスになじまない、公共性が確保されないなど否定的な意見がみられ、反対の立場から問題点を指摘する研究も多くみられる（合田 1999、垣内 1999、村山 2001、田村 2003、保育行財政研究会 2001、若林 2012など）。たとえば、若林（2012：69）は「株式会社が利潤の追求を目指して保育所経営で利益を求めようとすると、運営費の約8割を占めるという人件費の圧縮に走りやすくなる。そのため保育士の低賃金化、非正規化など労働条件は悪化し、離職率が高

くなるなど、安定的な保育者集団を確保できず、保育の質の低下につながることになるというおそれもあり、株式会社による保育所設置を認めていない自治体も多い」と指摘している。

このように保育所経営への営利法人の参入に対しては、利益を追求するために、①保育者1人あたりの子どもの数の増加、②経験の浅い若い保育者の雇用、③保育者の非正規化を行うことで、④離職率が高くなることが指摘されている。そのことによって安定的な保育者集団が確保できず、保育の質の低下につながると危惧されている。

前述したように今後は保育所経営への営利法人の参入が進む可能性があるが、このような批判的な意見があるなかで、今後も参入を推進していくことに問題はないのだろうか。保育所経営への営利法人の参入の是非については改めて検証していく必要がある。

ただ、清水谷・野口（2004：v）が「介護・保育サービス分野では、相変わらずデータにまったく基づかない架空の議論や思い込み、あるいは『べき』論に基づいたドグマを振り回すという非生産的な神学論争が延々と繰り返されている」と指摘しているように、保育所経営への営利法人の参入の是非については、必ずしも実態を実証的に分析して主張されているとは言い難い面がある。

したがって、本書では、営利法人が経営する保育所の実態を実証的に分析することで、保育所経営への営利法人の参入の是非について、つまり今後も営利法人の参入を推進していくことに問題はないかについて検討していきたい。

(3) 営利法人をめぐる議論の混乱

営利法人が提供する保育サービスに関する実証的な研究は少ないが、営利法人が提供する保育サービスについて実証的に明らかにしようと試みた研究としては、白石・鈴木（2003）、清水谷・野口（2004、2005）がある。

白石・鈴木（2003）は、公立認可保育所、私立認可保育所、準認可保育所（認可外保育施設のうち、地方自治体からの補助金を受けているもの）、ベビーホテル等（認可外保育施設のうち、地方自治体からの補助金を受けていないもの）を対象として調査を実施している。[6]その結果から準認可保育所、ベビーホテル等に関連

して明らかになったのは、以下の4点である（白石・鈴木 2003：168）。
①準認可保育所は、水準にばらつきはあるものの、保育サービスの水準は認可保育所並みの水準を保っている
②児童／保育士比率や園庭設置の点で認可保育所に比べ劣っているものの、地域への貢献や保育士への研修等の運営管理の点では、認可保育所並み、あるいはそれ以上の質を確保している
③一般的に、認可外保育所の保育サービスの水準は認可保育所に比べ劣っていると認識されがちであるが、準認可保育所に関しては、安全性と利便性の双方を兼ね備えている
④ベビーホテル等に関しては、保育士の質の確保・向上の努力、避難訓練の実施や園庭の確保といった基本的な点で改善が求められる

　次に、清水谷・野口（2004）は、「点数評価アプローチ」、「労働者の質アプローチ」、「利用者の選好・要望アプローチ」という3つの方法を用いて、公立保育所、私立保育所、認可外保育施設の保育サービスの質を比較している[7]。これらの実証分析の結果から明らかになったのは、以下の3点である（清水谷・野口 2004：87-95）。
①「点数評価アプローチ」では、全体的にみて、構造指標では公立保育所が勝っているのに対して、父母の利便性等の面では私立保育所、認可外保育施設のほうが優れている。全体としてみると、私立保育所のサービスの質が最も優れている
②「労働者の質アプローチ」では、常用雇用者や有資格者の比率、あるいは労働者1人あたりの児童数等の点で、私立保育所のほうが公立保育所、認可外保育施設よりもサービスの質が優れている
③「利用者の選好・要望アプローチ」では、延長保育・休日保育の実施等において、私立保育所は公立保育所よりも明らかに優れている
　このように保育サービス提供の実態については、公立保育所、私立保育所、認可外保育施設の比較研究は行われてきているが、白石・鈴木（2003）の研究では、準認可保育所、ベビーホテル等の経営主体の構成比をみると、営利法人

はそれぞれ10.0％、30.8％であり、必ずしも準認可保育所、ベビーホテル等の結果が、営利法人が提供する保育サービスの実態を反映しているわけではない。また、清水谷・野口（2004）の研究は、営利法人は認可外保育施設として議論されており、営利法人が経営する保育所と他の経営主体が経営する保育所との比較は行われていない。営利法人が経営する保育所についてみると、個々の保育所を取り上げた報告（井上 2001、塚田 2006）はあるが、その実態を検証するような研究は行われていない。

　保育サービスの提供は、児童福祉施設としての認可を受けている保育所と、認可を受けていない認可外保育サービスによって行われている。しかしながら、営利法人が提供する保育サービスに関する議論をみると、認可を受けている保育所における議論なのか、認可外保育サービスにおける議論なのか、あるいはその両方を含んだ議論なのかという点を明確にしないまま議論が行われているために混乱をもたらしている。そこでは、営利法人を認可外保育サービスとみなして、営利法人による保育サービスの提供は劣悪であると批判する議論もみられるが、児童福祉施設としての認可を受けている保育所として営利法人が提供するサービスと、認可外保育サービスとして営利法人が提供するサービスとを同列に扱って議論することは適切ではない。

　そこで、本書では認可外保育施設を経営する営利法人とは区別して、児童福祉施設としての認可を受けて保育所を経営している営利法人に焦点をあてて、営利法人が経営する保育所と他の経営主体が経営する保育所との比較検討を行うことにより、営利法人の参入の実態を明らかにしていきたい。

3　本書の目的と方法

　本書の目的は、保育所経営への営利法人の参入の是非について検討し、今後の営利法人に対する保育政策の課題を明らかにすることである。しかしながら、そのプロセスにおいては2つの目的を内包している。

　第1の目的は、戦後の保育政策における営利法人の位置づけの変容を明確にすることである。保育所経営への営利法人の参入の是非について検討する作業

序　章

として、まず保育政策の展開を営利法人に焦点をあてて検討し、営利法人による保育サービスの提供に対してどのような政策が講じられてきたか、戦後の保育政策における営利法人の位置づけがどのように変容してきたかを明らかにする。

戦後の保育政策をみると、営利法人による保育サービスの提供に関する政策的な対応は、1980年のベビーホテル問題と2000年の保育所経営への営利法人の参入が大きな転換点となっている。そこで本書では、①ベビーホテル問題以前、②ベビーホテル対策、③ベビーホテル対策以後から営利法人の参入まで、④2000年の営利法人の参入以降、の４つの時期に分けて検討する。

単に保育所経営への営利法人の参入が認められた2000年前後の保育政策を検討するだけでなく、戦後の保育政策における営利法人の位置づけの変容を明確にするところに本書の意義があると思われる。そのことによって、保育所経営への営利法人の参入の是非について歴史的な視点からも検討することができるようになるからである。

第２の目的は、営利法人が経営する保育所の実態を実証的に明らかにすることである。保育所経営への営利法人の参入の是非については、必ずしも実態を実証的に分析して主張されてきたとは言い難い面がある。そこで本書では、保育所の実態調査を実施して、営利法人が経営する保育所と他の経営主体が経営する保育所を比較検討する。その結果を分析することで営利法人が経営する保育所の実態を明らかにする。

このように本書では、まず文献研究によって戦後の保育政策における営利法人の位置づけの変容を明らかにしたうえで、保育所の実態調査を実施して営利法人が経営する保育所の実態を明らかにすることで、保育所経営への営利法人の参入の是非について検証していく。さらに、以上から得られた知見を踏まえて、今後の営利法人に対する保育政策の課題と展望を検討する。

4　本書の構成

本書の構成および各章の研究目的は、以下のとおりである（図0-1）。

本書は、第Ⅰ部「保育政策における営利法人の位置づけ」、第Ⅱ部「営利法人が提供する保育サービスの検証」の 2 部構成となっている。

　第Ⅰ部の「保育政策における営利法人の位置づけ」では、営利法人に対する政策について検討し、戦後の保育政策における営利法人の位置づけを明らかにしている。前述したように営利法人による保育サービスの提供に関する政策的な対応は、1980年のベビーホテル問題と2000年の保育所経営への営利法人の参入が大きな転換点となっている。

　そこで、本書では、①ベビーホテル問題以前（第 1 章）、②ベビーホテル対策（第 2 章）、③保育所経営への営利法人の参入（第 3 章）、④2000年以降（第 4 章）の 4 つの時期に分けて検討している。

　第 1 章では、児童福祉法立案・制定から1970年代までの保育政策の展開を営利法人に焦点をあてて検討している。具体的には、①ベビーホテル問題以前は、営利法人による保育サービスの提供に対してどのような政策が講じられていたのか、②ベビーホテル問題以前の保育政策において営利法人はどのように位置づけられていたか、について明らかにすることを目的としている。

　第 2 章では、ベビーホテル問題が社会問題化した1980年前後の保育政策の展開を営利法人に焦点をあてて検討している。具体的には、①ベビーホテル対策において営利法人による保育サービスの提供に対してどのような政策が講じられたのか、②ベビーホテル対策において営利法人がどのように位置づけられていたか、③この時期の営利法人に対する政策がいかなる社会的背景によって規定されてきたのか、について明らかにすることを目的としている。

　第 3 章では、ベビーホテル対策以後から2000年の保育所経営への営利法人の参入に至るまでの保育政策の展開を営利法人に焦点をあてて検討している。具体的には、①ベビーホテル対策以後、認可外保育施設を経営する営利法人に対してどのような保育政策が展開されたのか、②2000年の保育所経営への営利法人の参入はどのような背景で進められたのか、③ベビーホテル対策以後、保育政策における営利法人の位置づけはどのように変容していったのか、について明らかにすることを目的としている。

　第 4 章では、2012年 8 月に成立した子ども・子育て関連三法が営利法人の参

序　章

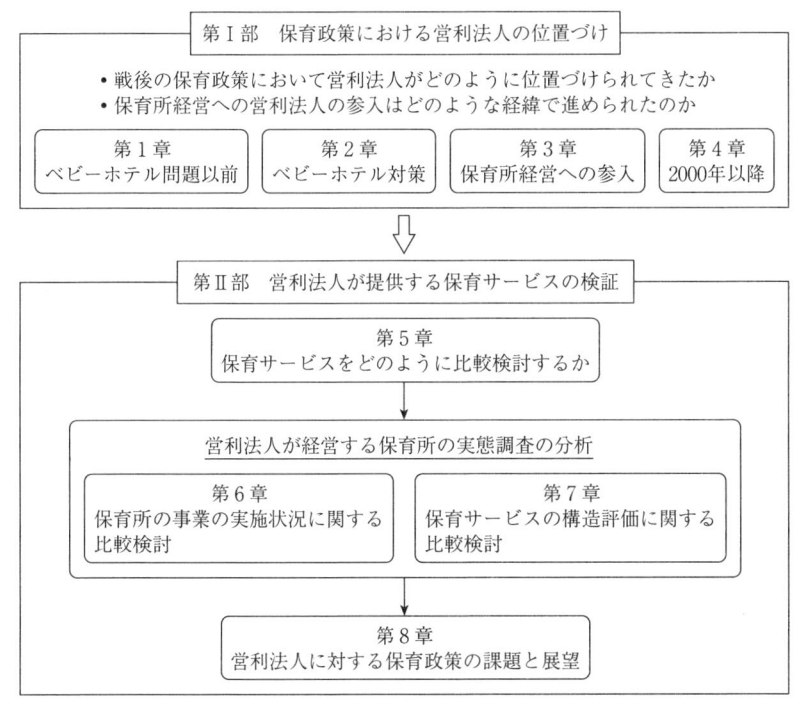

```
┌─────────────────────────────────────────────────────────┐
│  第Ⅰ部　保育政策における営利法人の位置づけ              │
│  ・戦後の保育政策において営利法人がどのように位置づけられてきたか│
│  ・保育所経営への営利法人の参入はどのような経緯で進められたのか│
│  ┌────────┐ ┌────────┐ ┌────────┐ ┌────────┐  │
│  │ 第1章  │ │ 第2章  │ │ 第3章  │ │ 第4章  │  │
│  │ベビーホテル│ │ベビーホテル│ │保育所経営│ │2000年以降│  │
│  │問題以前│ │対策    │ │への参入│ │        │  │
│  └────────┘ └────────┘ └────────┘ └────────┘  │
└─────────────────────────────────────────────────────────┘
                            ↓
┌─────────────────────────────────────────────────────────┐
│  第Ⅱ部　営利法人が提供する保育サービスの検証          │
│         ┌──────────────────────┐                       │
│         │ 第5章                │                       │
│         │ 保育サービスをどのように比較検討するか│         │
│         └──────────────────────┘                       │
│  ┌───────────────────────────────────────────────┐     │
│  │   営利法人が経営する保育所の実態調査の分析    │     │
│  │ ┌──────────────┐  ┌──────────────┐           │     │
│  │ │ 第6章        │  │ 第7章        │           │     │
│  │ │保育所の事業の│  │保育サービスの│           │     │
│  │ │実施状況に関する│ │構造評価に関する│          │     │
│  │ │比較検討      │  │比較検討      │           │     │
│  │ └──────────────┘  └──────────────┘           │     │
│  └───────────────────────────────────────────────┘     │
│                    ↓                                   │
│         ┌──────────────────────┐                       │
│         │ 第8章                │                       │
│         │ 営利法人に対する保育政策の課題と展望│         │
│         └──────────────────────┘                       │
└─────────────────────────────────────────────────────────┘
```

出所）筆者作成。

図0-1　本書の構成

入にどのような影響を与えるのかについて検討している。具体的には、まず子ども・子育て関連三法の成立の経緯および主な内容について整理したうえで、子ども・子育て関連三法において営利法人がどのように位置づけられているのか、また営利法人の参入にどのような影響を与えるのかについて明らかにすることを目的としている。

　第Ⅱ部の「営利法人が提供する保育サービスの検証」では、保育所に対するアンケート調査の実施および分析を通して、営利法人と他の経営主体が提供する保育サービスの実態について比較検討を行い、営利法人が経営する保育所の特徴を明らかにすることを目的としている。そのうえで、今後の営利法人に対する保育政策の課題と展望について検討している。

17

第5章では、保育サービスの評価に関する具体的な取り組みや研究の動向について整理したうえで、保育サービスの評価を経営主体間で比較検討するために有効な実証的研究の方法について検討している。サービスの評価の方法には、構造評価、過程評価、結果評価があるが、本書では時間的、経費的な制約などを勘案して比較的容易に実施できる構造評価を用いることにした。

　第6章では、本書で実施したアンケート調査のうち、保育所の事業の実施状況に関する調査結果を分析することによって、営利法人が経営する保育所と他の経営主体が経営する保育所の事業の実施状況について比較検討を行い、営利法人が経営する保育所の特徴について明らかにすることを目的としている。

　第7章では、本書で実施したアンケート調査の結果から営利法人が経営する保育所と他の経営主体が経営する保育所が提供する保育サービスの構造評価について比較検討を行い、営利法人が経営する保育所が提供する保育サービスの特徴について明らかにすることを目的としている。

　第8章では、調査結果が示唆する保育政策の課題を整理したうえで、第Ⅰ部で考察した保育政策における営利法人の位置づけと、第6章および第7章で明らかにした営利法人が経営する保育所の実態を踏まえて、今後の営利法人に対する保育政策の課題と展望について検討している。

注
  1) 「保育所入所待機児童数調査」（厚生労働省保育課）によると、2007年4月1日現在の全国の待機児童数は17,926人で、都道府県別にみると、東京都が4,601人で最も多く、次いで沖縄県1,850人、神奈川県1,822人、大阪府1,789人、埼玉県1,217人となっている。
  2) 　以下の数値は「横浜市記者発表資料」（横浜市子ども青少年局保育対策課、2013年5月20日）による。
  3) 　保育所運営費は、児童を保育所において保育した場合における児童福祉施設の設備及び運営に関する基準を維持するために必要な費用であり、事業費（給食の材料費および保育材料費などの一般生活費、採暖費）、人件費（保育所長、保育士、調理員等の人件費）、管理費から構成されている。保育所運営費は、保育所の所在する地域、定員規模、入所児童の年齢区分（乳児、1、2歳児、3歳児、4歳児以上）等に応じて、児童1人あたりの月額単価（保育単価）が決められ、支弁される。民間の保育所の場合は、保護者からの徴収金（保育料）基準額を控除した額を基準額として、国が2分の1、都

道府県が4分の1、市町村が4分の1の割合で負担することになっている。公立保育所の場合は、市町村が全額負担することになっている。
4) 子ども・子育て関連三法とは、「子ども・子育て支援法」、「就学前の子どもに関する教育、保育等の総合的な提供の推進に関する法律の一部を改正する法律」、「子ども・子育て支援法及び就学前の子どもに関する教育、保育等の総合的な提供の推進に関する法律の一部を改正する法律の施行に伴う関係法律の整備等に関する法律」の3つの法律をいう。
5) 本通知では「保育需要が充足されていない地域においては、新制度施行前の現時点においても、新制度施行後を見据え、積極的かつ公平・公正な認可制度の運用をしていただくようお願いする」とされた。
6) 調査項目としては、厚生労働省が作成した第三者評価基準の試案を参考にして、保育所が提供しているサービスを、①子どもの発達援助（対子ども）、②子育て支援（対保護者）、③地域の住民や関係機関等との連携（対地域）、④経営主体としての健全性・運営管理の4つのカテゴリーに分類し、計30の調査項目を設定している。
7) 「点数評価アプローチ」では、①構造指標、②発達心理学指標、③父母の利便性、④その他のサービスの4つのカテゴリーに分類し、計40のサービスの質の評価項目を設定して調査を行っている。分析では、40項目全体を合計した「総得点」と4つのカテゴリーごとに分類した「小得点」の2つに分けてサービスの優劣を評価している。「労働者の質アプローチ」では、サービスの質の評価対象を労働者の特性（常用雇用者比率や保育士1人あたりの児童数など）に限定したうえで、経営主体別のサービスの優劣を評価している。「利用者の選好・要望アプローチ」では、現在受けているサービス、あるいは今後提供してほしいと思っているサービスについて、利用者から直接データを収集し、サービスの優劣を評価している。

第Ⅰ部

保育政策における営利法人の位置づけ

戦後の保育政策をみると、営利法人による保育サービスの提供に関する政策的な対応は、1980年のベビーホテル問題と2000年の保育所経営への営利法人の参入が大きな転換点となっている。
　第Ⅰ部では、戦後の保育政策における営利法人の位置づけについて、①ベビーホテル問題以前（第1章）、②ベビーホテル対策（第2章）、③ベビーホテル対策以後から営利法人の参入まで（第3章）、④2000年以降（第4章）の4つの時期に分けて検討する。

第1章

ベビーホテル問題以前の保育政策
―― 営利法人を放置 ――

1 本章の目的

　営利法人による保育サービスの提供が注目されるようになったのは、1980年に社会問題化した、いわゆるベビーホテル問題であった。ベビーホテルにおいて乳幼児の死亡事故が相次いで発生したことによって、劣悪な環境で乳幼児を預かるベビーホテルの実態が明らかになるとともに、営利法人が保育サービスを提供することに対する危機感が高まった。その問題の大きさからベビーホテル問題は国会においても取り上げられ、政策的な対応が講じられることになったのである。

　それでは、このベビーホテル問題以前は、営利法人による保育サービスの提供に関して政策的な対応は講じられてこなかったのであろうか。そもそも保育所は1947年に成立した児童福祉法において児童福祉施設のひとつとして規定されたことにより、国の制度として設置されることになった。児童福祉法の制定過程およびその後の展開については、これまでも多くの研究が重ねられてきており、そのなかで保育所に関しても取り上げられてきた。松崎（1947）は、児童福祉法の制定以前の児童福祉事業を整理するとともに、児童福祉法制定に直接かかわった立場から「児童福祉法の解説本」として児童福祉法の各条文を解説している。川嶋（1951）、高田（正）（1951）、高田（浩）（1957）もそれぞれ厚生省の立場から当時の児童福祉法の各条文について解説している。

第Ⅰ部　保育政策における営利法人の位置づけ

　児童福祉法研究会（1978、1979）および寺脇（1996）は、児童福祉法の成立の経緯や立案過程に関係する膨大な原資料の発掘・収集を行い、児童福祉法がどのような理念や趣旨で、どのような効果が期待されて成立し、改正が行われてきたのか、また審議に際して何が問題とされ、また法文の意味がどう説明されてきたのかなどについて明らかにしている。

　寺脇（1997）は、児童福祉法の立案・制定過程における保育所規定の成立を詳細に検討し、児童福祉法における保育所とその制度は主として同法第24条の保育所規定を中核に成立したことを明らかにしている。また、山縣（2002）は、児童福祉法成立以前の状況を整理したうえで児童福祉法制定過程における保育所の規定とその論点を整理している。

　これらの研究は、児童福祉法立案・制定過程における保育所の規定などを詳細に分析したものであるが、保育所あるいは児童福祉施設全般を取り扱ったものであり、営利法人に焦点をあてたものではなかった。ベビーホテル問題以前の保育政策を営利法人に焦点をあてて検討することは、保育サービス分野に営利法人が台頭してくる背景を理解するとともに、営利法人による保育サービスの提供に対する政策的な対応について評価するためにも重要な作業となる。

　そこで本章では、改めてこれらの先行研究について営利法人に焦点をあてて検討し、ベビーホテル問題以前に営利法人による保育サービスの提供に対してどのような政策が講じられていたのかについて検討する。具体的には、児童福祉法立案・制定から1970年代までの保育政策の展開を営利法人に焦点をあてて検討することで、以下の2点を明らかにすることを目的とする。

①ベビーホテル問題以前は、営利法人による保育サービスの提供に対してどのような政策が講じられていたのか

②ベビーホテル問題以前の保育政策において営利法人はどのように位置づけられていたか

2 児童福祉法立案・制定過程における営利法人に関する規定

(1) 保育所法案において営利法人はどのように規定されていたか

　当初、児童福祉法は児童保護法として審議され、その審議の過程で児童保護という言葉が児童福祉に変わり、1947年12月に児童福祉法が成立した[1)2)]。しかし、保育所については児童保護法案要綱大綱案（1946年10月15日）が作成される以前に、保育所法案要綱案[3)4)]（1946年5月17日）が作成されており、保育所を単独の法律として制定する形で議論されていた時期があった。この保育所法は結局単独法として制定されることはなく、その後は児童保護法のなかの児童保護施設として検討に組み込まれていくことになる。しかしながら、この時期に保育所法案が議論されていたということは、保育所の問題が1946年前半という早い時期から重要な課題として意識されていたことを意味するものであり、その対策の強化・確立を検討していたことを示している（寺脇 1996：45）。

　保育所法案要綱案には「保育所は、養育者が勤労をする等のため乳幼児を保育しなければならない時間中、乳幼児を保育する施設であって、公の支配に属するものとすること」（第2条）と規定された。この時点で後に日本国憲法との関係で議論される「公の支配に属するもの」という表現がみられることは、民間の保育所との関係で注目される。

　民間の保育所の設置に関しては「私人は、命令の定めるところにより地方長官の認可を受け、保育所を設置することができること」（第4条）とされ、営利法人による設置を認めないということは明記されていなかった。

　しかし、1946年12月頃に作成されたとされる保育所令案の第12条には「営利を目的とする者の設置したもの」に対しては国庫補助を与えないことが規定されている。つまり、営利を目的として保育所を設置することに対しては否定的な姿勢が示されており、実質的には営利法人の参入は困難であったと考えられる。

(2) 児童福祉法は制定当初から営利法人の参入を規制していたのか

　1947年に制定された児童福祉法には「保育所は、日日保護者の委託を受けて、その乳児又は幼児を保育することを目的とする施設とする」（第39条）と規定された。また、保育所を含む児童福祉施設の設置については「市町村その他の者は、命令の定めるところにより、行政庁の認可を得て、児童福祉施設を設置することができる」（第35条第2項）と規定された。ここでいう「その他の者」は農会のような公法人、私法人、私人のすべてを含むとされ、「行政庁の認可」は児童福祉施設最低基準に達するか否かが最も基本的な標準となるとされた（松崎 1947：99）。

　また、児童福祉法施行規則（1948年3月31日、厚生省令第11号）には、児童福祉施設の認可を受けようとする者は、①名称、種類および位置、②建物その他設備の規模および構造ならびにその図面、③運営の方法、④収支予算書、⑤事業開始の予定年月日を具して都道府県知事に申請しなければならないと規定された。さらに、市町村以外の者が児童福祉施設の認可を受けようとするときは、前記の5項目のほかに、①設置する者の履歴および資産状況、②法人または団体においては定款、寄付行為その他の規約を具して都道府県知事に申請しなければならないと規定された。

　保育所の設置に関しては他の児童福祉施設と同じように上記のような規定で運用されており、児童福祉法制定当初は保育所の設置主体として営利法人を認めないということは児童福祉法および関連法規によって明記されていなかった。

　しかしながら、児童福祉法の制定過程をみると、当初から営利を目的として保育所を設置することについて否定的にとらえられていたことがうかがえる。「予想質問答弁資料第一輯」（児童局、1947年7月30日）では、「児童福祉施設に対し認可制度をとりたる理由如何」という問いに対して、以下のような説明がなされている。

　　この法律においては、児童福祉施設についての最低基準を設けているのでありますが、この最低基準を各施設に適用し、この基準に満たないものは、その認可を取り消

し、児童福祉施設として認めないようにするのが、児童の福祉を図るために、絶対的に必要であると信ずるのであります。これによつて、利益追求を目的とする不正な施設を撲滅し、わが国の児童福祉事業の健全な発達を図り得るのであつて、単なる届出制度をとるが如きは、この際、当を得たものといえないと思ふのであります（児童福祉法研究会1978：869）。

つまり、児童福祉法制定当初は法令上は営利法人の参入を認めないとは明記されなかったが、利益追求を目的として設置する保育所は「不正な施設」であり、営利を目的とする者は保育所の設置主体として認めないという姿勢が示されていたのである。

(3) 児童福祉法は認可外保育施設をどのように位置づけたか

前述のように児童福祉法では、保育所を含む児童福祉施設は認可を得て設置することができるとされた。これは「いやしくも児童福祉施設としての実体を有する施設は、すべて都道府県知事の認可を得なければ設置できないという意味」（川嶋 1951：155）であって、児童福祉施設の実体を有する施設はすべて児童福祉施設としての認可を受けなければならないとされた[5]。

「児童福祉法の運用に関する疑義及びこれが解答について」（1948年7月23日、児企発第376号）によると、「児童福祉施設は認可を受けないでも、その事業をなし得るか。又認可を受けない児童福祉施設には最低基準の適用がないか」という問いに対して、以下のような説明がなされている。

> すべて児童福祉施設に該当するものは、法第67条及び法第69条に規定する場合を除けば、すべて認可を受けなければならない。もし認可を受けないときは、法第58条第2項の規定により事業の停止を命ずることもあり得る。従つて、認可を受けていない児童福祉施設は、事実上あり得ないと思われるが、万一あつても、最低基準は、これに適用されるものと考える（児童福祉法研究会 1979：587）。

このように児童福祉施設の実体を有しながら認可を受けない施設の存在を認めないのは、児童福祉施設に対して「児童福祉施設最低基準による監督が行われるに当ってその実施を有効ならしめるためと、真に児童の福祉に有益な児童福祉施設の発達を阻害するものを除くためという意図に基づくもの」（川嶋

1951：155）であった。

つまり、児童福祉法では保育所の実体を有しながら認可を受けていない認可外保育施設の存在は認められておらず、保育所の実体を有する施設はすべて保育所としての認可を受けなければならないとされたのである。

3　民間の児童福祉施設に対する公的助成

(1) 社会福祉法人制度の創設

1951年の社会福祉事業法の制定により社会福祉法人制度が創設された。社会福祉法人制度は、「①民間の社会福祉事業の経営については、その自主性や創意工夫が本来重視されるべきであること、②社会福祉事業というものは、個人の尊厳を保持し、公共の福祉を増進するという趣旨の下に経営されるべき公共性の高い事業であること、という2つの観点から、社会的な信用力を担保できる特別な法人」（社会福祉法令研究会 2001：151）として創設された。

社会福祉法人制度が創設されたことによって、地方自治体以外で社会福祉事業法（当時）にいう第一種社会福祉事業である施設を設置しようとする者は、原則として社会福祉法人でなければならないことになった。保育所は第二種社会福祉事業であるので社会福祉法人でなくても設置できたが、「その他の施設についても、市町村のほか社会福祉法人が設置することが望ましい」（高田 1957：247）とされた。

また、1951年には社会福祉事業法との調整のために児童福祉法の第5次改正も行われ、民間の児童福祉施設に対する施設整備費等に関する補助の規定（第56条の2）が明記された[6]。しかし、その補助は、社会福祉法人、日本赤十字社、公益法人が設置主体である施設に限定されていた。さらに、都道府県は「児童福祉施設の経営について営利を図る行為があったとき」は補助金の返還を命ずることができる旨が規定されていた（第56条の3）。つまり、ここでも児童福祉法制定当初と同様に営利を目的として保育所を設置することに対しては否定的な姿勢が示されており、実質的には営利法人の参入は困難であったと考えられる。

(2) 憲法第89条と民間の児童福祉施設に対する公的助成

　日本国憲法第89条は「公金その他の公の財産は、宗教上の組織若しくは団体の使用、便益若しくは維持のため、又は公の支配に属しない慈善、教育若しくは博愛の事業に対し、これを支出し、又はその利用に供してはならない」と規定し、慈善、博愛の事業に対する公金の支出を禁止している。つまり、公の支配に属さない民間の児童福祉施設に対しては、憲法第89条の規定により公金を支出することができないとされていた。

　しかしながら、「わが国における私設児童福祉施設の経済的地位、公立児童福祉施設の整備と私立児童福祉施設の整備のアンバランス、私立児童福祉施設のもっている長い伝統と経験およびすぐれた技術等にかんがみ、私立児童福祉施設にたいする公的補助の途をひらく必要性が十分存在し、また民間の強い要望もあった」(高田 1957：332)。

　そこで「憲法第89条は慈善博愛の事業に対する公権力による干渉の危険性を排除しようとするのがその規定の趣旨であるため、そのような危険性のない委託契約による公費の支出については、同条に違反するものではない」(堀 1986：83) という理論を構成することによって、措置委託による民間社会福祉事業に対する公的助成の途を開いたのである。このように民間の児童福祉施設の日常経費を公費である措置費で賄うことは「措置委託」であるために憲法第89条に抵触しないとされたわけであるが、日常経費以外の建設費、維持費、修繕費などの費用を公費で賄うことには依然として問題があった。

　したがって、これらの費用に関しても公的助成を合法的に行うために、以下のような理論構成を行った。

　　憲法第89条は、公の支配に属さない慈善博愛の事業への公的助成を禁じているため、反対解釈をすれば公の支配に属する慈善博愛の事業には助成が可能だということになる。そこで社会福祉事業法は、社会福祉事業を行うことを目的とする特別の組織として社会福祉法人の制度を設け、この社会福祉法人については、設立の認可 (同法第29条)、定款の変更 (第41条)、報告徴収及び検査 (第54条)、役員解職勧告 (第56条) 等の公的規制の措置を講じ、もって社会福祉法人は公の支配に属するとし、公的助成は可能である (堀 1986：83)。

これは公的助成および特別監督に関する「逆理論構成」といわれ、公の助成を受けた場合には、特別的監督に服するという形で公の支配に属することを予定されているから、公金の支出ができるという解釈がなされた（秋山 1978：315）。このような解釈に基づいて民間の児童福祉施設に対する施設整備費等の公的助成の途が開かれるようになったのである。

4　保育所の設置主体を社会福祉法人に限定

本章の3で述べたように保育所は第二種社会福祉事業であるので社会福祉法人でなくても設置できたが、民間の保育所は社会福祉法人が設置することが望ましいとされていた。この方針が明確に示されたのが、1963年3月に厚生省（当時）より各都道府県および各指定都市に対して通知された「保育所の設置認可等について」（児発第271号）である。

この通知では保育所設置認可等の取扱方針が示され、「私人の行なう保育所の設置経営は社会福祉法人の行なうものであることとし、保育事業の公共性、純粋性及び永続性を確保し事業の健全なる進展を図るものとすること」と規定された。つまり、この通知によって民間の保育所の設置主体は社会福祉法人に限定されることになったのである。

民間の保育所の設置主体を社会福祉法人に限定したのは、保育所の社会的役割が重視されるようになり、保育所経営について一層の公共性、純粋性および永続性が社会的に要望されてきたことから、社会福祉法人制度の本来の目的からしても、乳幼児の保育事業を行うことを目的とする者を社会福祉法人にすることは好ましいとされたからである（重田他 1976：35-36）。

さらに、当時の厚生省児童家庭局母子福祉課長であった植山（1963：195-196）は、民間の保育所の設置主体を社会福祉法人に限定したのは、個人立の保育所が極めて多いということに起因する不安定な経営、雇用関係の問題、責任感の欠如といった問題に対応するためだったと説明している。

当時の民間の保育所の設置主体は図1-1に示したように個人立が多く、1963年には個人立が民間の保育所全体の約4割を占めていた。[7] 1970年に社会福

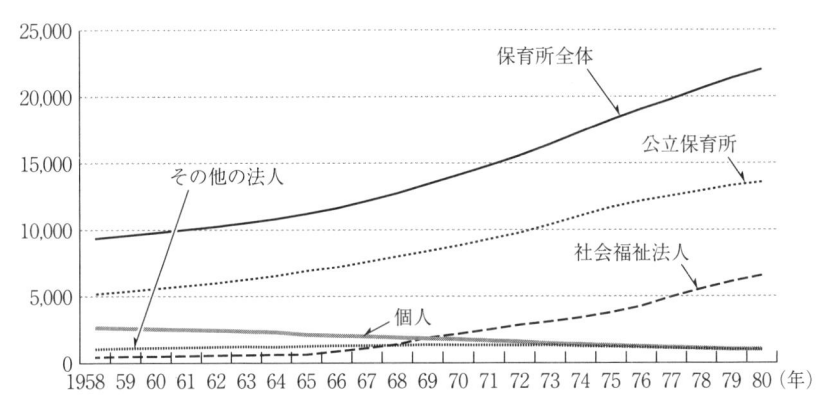

第 1 章　ベビーホテル問題以前の保育政策

図1-1　保育所数の推移

出所）『社会福祉施設等調査報告書』各年版より作成。

祉法人立が上回るまでは、民間の保育所の設置主体は一貫して個人立が最も多かったのである。

このように民間の保育所の設置主体を社会福祉法人に限定したのは、営利法人を直接の問題としていたからというわけではなかったが、この1963年の通知によって法令上も営利法人は保育所の設置主体として認められなくなったのである。

この通知には「社会福祉法人とすることが著しく困難であるものについては、少なくとも民法法人である財団法人とするよう行政指導を行なうこと」と社会福祉法人以外も例外的に認める規定があるが、ここでも営利法人については保育所の設置主体として認められていなかった。

5　ベビーホテル問題以前の保育政策における営利法人の位置づけ

これまでみてきたように保育所法案要綱案を含む児童福祉法の立案・制定過程から児童福祉法の制定、1963年の保育所の設置認可に関する通知に至るまで、政策的には一貫して営利を目的として保育所を設置することに対しては否定的な姿勢が示されていた。

31

第Ⅰ部　保育政策における営利法人の位置づけ

　法令上は1963年の通知以前は営利法人による保育所の設置を認めない旨は明記されていなかったが、「営利を図る行為」には補助金を与えないことが明記されており、実質的には営利法人の参入は困難であったと考えられる。
　その後、1963年3月に「保育所の設置認可等について」（児発第271号）が通知され、民間の保育所の設置は原則として社会福祉法人に限定されたことによって、法令上も営利法人が保育所を設置する余地はなくなった。つまり、1963年以降の営利法人に対する政策は、営利法人による保育所の設置を認めないとする参入規制という形で講じられたのである。
　ただし、このような営利を図る行為等に関する規定および保育所への参入規制は、必ずしも営利法人の参入を想定して講じられたというわけではなく、むしろ個人立の保育所を想定して講じられたものであったと考えられる。
　一方、児童福祉法制定当初から保育所の実体を有しながら認可を受けていない認可外保育施設の存在は認められておらず、保育所の実体を有する施設はすべて保育所としての認可を受けなければならないとされていた。つまり、保育政策において認可外保育施設は存在しないとされていたのである。しかしながら、実際にはその方針は徹底されていなかったようである。
　ベビーホテルが社会問題化する以前は全国規模での実態調査は行われておらず、また認可外保育施設の届出の義務もなかったため、ベビーホテルの実態やその開設時期などを把握するのは難しい。しかしながら、特定の地域を対象とした調査はいくつかなされており、これらからベビーホテルの開設時期をうかがい知ることができる。
　たとえば、京都市における実態調査（室崎 1979：128）によると、その開設時期は1960年代が2、3か所あるが、多くが1970年代であり、なかでも1975年以降に急増している。また、東京都区内における実態調査（櫻井 1980：209-210）によると、当時の記録などから確定できる最も古いものは1950年代後半に営業を開始し、24時間営業型のものも1960年代後半には成立している。つまり、少なくとも1950年代後半から1960年代にはベビーホテルが開設されていたことがわかる。
　しかし、「初期において24時間営業制という形態をとる施設に共通してみら

れる現象の1つに、その経営の動機が必ずしも営利本位の目的でなく、母体もその機能が必然的にもとめられた『産院』などに多いということがあげられる」(櫻井 1980：210)と指摘されているように、初期のベビーホテルは必ずしも営利を目的としてサービスを提供しているわけではなかった。

　また、当時は認可外保育施設として共同保育所も設置され始めていた。これは保護者や地域住民の自主的な運動から生まれたものであり、0歳児保育や産休・産休明け保育、長時間保育等の認可保育所では十分に対応できないニーズに対応していた。

　このようにベビーホテルを含む認可外保育施設については、当初は非営利の団体や組織が設置した施設が多く、しだいに営利法人が台頭してきたと考えられる。櫻井(1980：210)は「営利性をより強く前面に出してくる今日的なベビーホテルが増加してくるのは、40年代中頃以降であり、とりわけ50年代に入ってから」であり、ベビーホテルが「昭和52年頃から急速に増加してくるのは、『保育』事業としての営利性に目をつけた株式会社などが、チェーン化をはかってくるなどの現象があらわれてきたためである」と述べている。

　つまり、少なくとも1950年代後半から1960年代にかけてベビーホテルは開設されていたが、保育サービス分野において営利法人が台頭してきたのは1970年代中頃であったと考えられる。

　国としても1960年代には認可外保育施設の存在は認識していたようであり、1963年に厚生省児童局(当時)が開催した児童福祉行政指導職員研修会において、植山(1963：193-194)は以下のように述べている。

　　保育所の類似施設の形態が、近年目立って進んできていることであります。この類似施設が設けられている背景には、乳幼児保育上いろいろのニーズがあり、児童福祉法の認可保育所になり得ない問題が存在しているからでありましょう。(中略) そのため、保育型態を整備する方策を打ち出すべきだとする意見も多いのであります。これにつきましては、昨年度から開かれております中央児童福祉審議会の保育制度特別部会において検討されているのであります。しかしながら、その議論が出される前に、現行上において整理する問題である、保育所の適正配置の必要性があります。

　このように国としても認可外保育施設の存在とその対応の必要性を認識して

第Ⅰ部　保育政策における営利法人の位置づけ

いたにもかかわらず、まずは保育所の適正配置の必要性があるとして認可外保育施設への具体的な対策は講じられず、認可外保育施設は保育政策の枠外に放置されることになったのである。

つまり、ベビーホテル問題以前は、営利法人による保育所の設置を認めないとする参入規制という形で講じられる一方で、認可外保育施設として営利法人が提供する保育サービスは保育政策の枠外に放置され、具体的な政策は講じられなかったのである。

このように保育サービス分野において営利法人が台頭していたにもかかわらず、認可外保育施設の存在を保育政策の枠外に放置してきたことが1980年にベビーホテルが社会問題化することにつながっていったと考えられる。

6　小　　括

本章では、児童福祉法立案・制定から1970年代までの保育政策の展開を営利法人に焦点をあてて検討することで、ベビーホテル問題以前の営利法人による保育サービスの提供に対する政策および保育政策における営利法人の位置づけについて、以下の点を明らかにした。

①児童福祉法の立案・制定過程から営利を目的として保育所を設置することについては否定的にとらえられていたが、児童福祉法制定当初は営利法人による設置を認めないということは明記されていなかった

②1963年3月の通知によって営利法人の参入が法令上初めて規制され、営利法人による保育サービスの提供に対する政策的対応は、営利法人による保育所の設置を認めないという参入規制という形で講じられた

③一方、認可外保育施設の存在と対応の必要性が認識されていたにもかかわらず具体的な政策は講じられず、認可外保育施設として営利法人が提供する保育サービスは保育政策の枠外に放置された

注
1)　児童福祉法は、児童保護法案要綱大綱案（1946年10月15日）、児童保護法仮案（1946

年11月4日)、児童保護法要綱案（1946年11月30日）、児童福祉法要綱案（1947年1月6日)、児童福祉法要綱案（1947年1月25日)、児童福祉法案（1947年6月2日)、児童福祉法案（1947年8月11日）を経て、1947年12月12日に成立した。山縣（2002：54-69）は、それぞれの法案等における保育所の規定の変化を整理している。
2) 以下の児童福祉法の条文については児童福祉法研究会（1978：601)、児童福祉法施行規則の条文については児童福祉法研究会（1979：371）による。
3) 保育所法案の詳細な内容と特徴については寺脇（1997：24-27）を参照。
4) 以下の保育所法案および保育所令案の条文については寺脇（1996：351-353、390-391）による。
5) この児童福祉施設の認可について、高田（1951：260-261）は「元来、認可は、一般に禁止されている事項を個々のケースにつき解除する許可（許可を受けないでその事業を営むと処罰される）と異なり、ある行為を法律上有効にする行政行為である（たとえば児童福祉施設の認可をうければ、公租公課が免除される）にすぎないが、児童福祉施設として実態をそなえていてしかも認可をうけなければ、事業の停止または施設の閉鎖を命ぜられることがあり、その命令に違反したものは6カ月以下の懲役もしくは禁こまたは1万円以下の罰金に処せられることになっていて、児童福祉法第35条第2項の認可は、実質的には許可にちかい性質をもつ認可であるということができよう」と説明している。
6) 児童福祉法の第5次改正では、民間の児童福祉施設に対する補助の規定にほかにも、保育所の規定に「保育に欠ける」という文言が追加され、保育所は「保育に欠ける」児童を入所させるものであることを明らかにし、幼稚園との混同をさけるようにされた（高田 1957：16)。
7) 当時、個人立の保育所が多かった理由としては、「経費の点でも小規模の資産で設置できた」（植山 1963：195）ことに加えて、戦前に民間篤志家等が設立した託児所が保育所に移行したということが考えられる。

第2章

ベビーホテル対策と営利法人
——営利法人に対する規制——

1 本章の目的

　営利法人による保育サービスの提供が注目されるようになったのは、1980年に社会問題化した、いわゆるベビーホテル問題であった。ベビーホテル問題は、TBSのニュース番組「テレポートTBS6」がベビーホテルにおける劣悪な保育の問題を取り上げ、ベビーホテル・キャンペーンとして展開したことを契機として大きな社会問題となっていった。

　当時TBSの報道局においてベビーホテルを取材していた堂本（1981）は、統計的な裏付けが必要なことを感じてベビーホテルの施設および利用者の調査を行い、報告書をまとめた。この報告書は、TBS報道局が行ったベビーホテルの実態調査、その調査の実査にあたった日本社会事業大学のスタッフによる事例報告などを集めて編集されたものである。そのなかで、ベビーホテル利用者の特徴として、①利用目的は大半は仕事のためである、②利用時間は、昼間のみが多い、③子どもを預け始める年齢は0歳児が最も多い、といったことを明らかにし、ベビーホテルには保育所の代替的性格が顕著にみられると指摘している（堂本 1981：3）。

　瀬谷（1980）は、ベビーホテルを取材してその劣悪な実態を明らかにしたうえで、ベビーホテルを取り締まり、規制する官庁がなく、行政の貧困な福祉施策がベビーホテル問題を助長していると指摘している。

第2章　ベビーホテル対策と営利法人

　森田（1981）は、数か所のベビーホテルを訪問し、そのなかから5か所を取り上げて各ベビーホテルの実態をまとめている。そのうえで、「各々に設備・人的配置、地域環境など、問題点は異なるが、ひとつ共通して感じたことは、これらの施設では、子どもを『預かる』ことはしても、保育所保育の中で追求してきた発達については、言葉で語られることはあっても、実際はそれを実施する人的条件は保障されず実現されない場合が多い」（森田 1981：110）と指摘している。

　櫻井（1980）は、東京都内のベビーホテルを調査し、その現況を①地域別分布、②建物、定員、保母数、③保育料金等の3つの観点から考察している。ベビーホテルでの保育については「それを保育と呼ぶべきか否かからはじめて、様々な問題があるので一概にはいえない」（櫻井 1980：213）が、「保育内容面からみるならば、総じて、不十分ではあるが、保育施設としても機能しようと努力しているといえるのではないかと思う」（櫻井 1980：216）と述べている。そのうえで、ベビーホテルが「保育所の量的質的不足をカバーしていることは明らかであり、また、それが保育施設としてもある以上、何らかの公的介入（規制）がのぞまれる」（櫻井 1980：217）とベビーホテル対策の必要性を指摘している。

　これらの研究は、行政によってベビーホテルの実態が把握されていなかった時期に、その劣悪な保育の実態を明らかにすることで、ベビーホテルを社会的問題として提起することに大きく寄与した。その後、ベビーホテル問題は国会において取り上げられ、政策的な対応が講じられることになったのである。

　このようなベビーホテル対策については、すでに多くの研究が重ねられてきているが、それらは必ずしも営利法人に対する政策的な対応そのものに焦点をあてたものではなかったと言える。しかしながら、営利法人に対する保育政策のあり方を検討していくためには、改めて営利法人に対する政策的な対応という視点からベビーホテル対策をとらえ直すことが必要である。

　そこで本章では、ベビーホテル問題が社会問題化した1980年前後の保育政策の展開を営利法人に焦点をあてて検討することで、以下の3点を明らかにすることを目的とする。

①ベビーホテル対策において営利法人による保育サービスの提供に対してどのような政策が講じられたのか
②ベビーホテル対策において営利法人がどのように位置づけられていたか
③この時期の営利法人に対する政策がいかなる社会的背景によって規定されてきたのか

2 ベビーホテル対策の展開

1980年にベビーホテルが社会問題化して以降、その対策が次々に講じられていった。ベビーホテル問題に対して厚生省(当時)が講じた対策は、①実態把握、②既存の児童福祉施設の活用、③ベビーホテルに対する規制、の3つに分けられる(山縣 1985：156)。

第1の実態把握に関しては、1980年から1981年にかけて全国規模のベビーホテル実態調査およびベビーホテルの一斉点検が実施された[1]。

その調査結果によると、1980年11月の時点で把握できたベビーホテルは587か所であった。その経営主体をみると、「個人」が403か所(68.7%)で最も多く、次いで「不明」131か所(22.3%)、「株式会社」31か所(5.3%)、「その他の法人」22か所(3.7%)であった。

「不明」が約2割となっており、また、この調査は実態を反映していないとの指摘もあるため[2]、必ずしもこの調査結果からベビーホテルの実態を正確に把握できるわけではない。しかし、この調査で把握されたベビーホテルの約7割は個人経営であることを考えると、営利法人が経営しているベビーホテルは必ずしも多くなかったとみることができる。

第2の既存の児童福祉施設の活用に関しては、増加・多様化する保育ニーズに対応し、実際にベビーホテルで生活している乳幼児を保護することを目的として、保育所や乳児院などを活用する諸施策が講じられた。その主要な施策は、①乳児院、養護施設(現児童養護施設)、母子寮(現母子生活支援施設)への措置、②乳児院への短期入所措置、③夜間保育の実施、④延長保育の実施、⑤年度途中入所の実現、⑥乳児保育枠の拡大の6つであった(山縣 1985：160)。

山縣（1983a：133）は、ベビーホテル対策として講じられた諸施策の解決課題と保育ニーズとの関係を検討し、「かなり質的に新たな対応がなされたことがわかるが、逆に不十分な点も明らかである」と指摘している。

たとえば、山縣（1983a、1983b）は、ベビーホテル対策の個別評価として乳児院等の活用および夜間保育の実施について検討を行い、いずれも十分にベビーホテル対策とはなり得なかったことを明らかにしている。

また、中田（1982：55）も、このようなベビーホテル対策について、延長保育、夜間保育いずれについてみても現在の保育所の機能を高め、国・自治体が、その保育責任を果たすという状況とはほど遠いと言わざるを得ないと指摘している。

第3のベビーホテルの規制に関しては、1981年6月に児童福祉法の改正が行われ、[3] 1981年7月には認可外保育施設に対する指導監督基準が定められた。[4] まず、児童福祉法の改正では、①認可外保育施設に対する報告徴収および立入調査の権限、②厚生大臣による認可外保育施設に対する事業の停止および施設の閉鎖命令の権限、③立入調査を拒む者等への罰則規定などが規定された。

当時の厚生省児童家庭局企画課の伊藤（1981：22）は、この改正がなされる以前においても都道府県知事はベビーホテルのような認可外保育施設に対して事業の停止や施設の閉鎖を命ずることができるとされていたが、この措置の前段階として必要な報告徴収や立入調査の権限は認めておらず、そのため現実問題として適用は困難であり、現に発動された例もなかったと指摘し、この改正によりベビーホテルの規制の前提となる手続き面での整備が行われたとの見解を示している。

この児童福祉法の改正を受けて「無認可保育施設に対する指導監督の実施について」（児発第566号通知）が通知され、認可外保育施設に対する指導監督基準が定められた。この指導監督基準では、「保育需要の多様化に対応した認可保育所の受入体制の整備が不十分な状況において、無認可保育施設に対して保育所に関する児童福祉施設最低基準を直ちに適用することは影響が大きいと考えられるので、当面の対策として最低基準とは別に無認可保育施設の指導基準を定め、少くともこれに適合するよう所要の指導を行うとともにこれに適合しな

第Ⅰ部　保育政策における営利法人の位置づけ

い施設に対しては、事業の停止又は施設の閉鎖の措置を講ずることとする」と記されている。

つまり、児童福祉施設最低基準を直ちに適用することは影響が大きいとの考えから、当面の指導監督の指針として、児童福祉施設最低基準を下回る必要最低限の基準が規定されたのである。

3　ベビーホテル対策における営利法人に対する政策

(1)　営利法人に対する規制

ベビーホテルが社会問題化したことを契機として、認可外保育施設に対して指導監督という形で政策的な対応が講じられることになった。認可外保育施設に対する指導監督基準は「無認可保育施設のうち、とくにベビーホテルに問題が多いと考えられるので、無認可保育施設が多く存在し、その指導監督に余念がない都道府県・指定都市においては、差しあたりベビーホテルに指導監督の重点を置かれたい」として、とりわけベビーホテルの指導監督の強化が求められた。

しかしながら、厚生省（当時）は当初からベビーホテルの指導監督に積極的な姿勢であったわけではない。1980年10月に厚生省児童家庭局内に設けられたベビーホテル研究会がとりまとめた「ベビーホテルをどうする」という報告書では、ベビーホテルの規制を行うことについて「外見の劣悪なベビーホテルの減少、容易にベビーホテルに子どもを預ける風潮に対するブレーキになる等のメリットが期待できる反面、次のような問題があり、実施は極めて困難であると言わざるをえない」として、表2-1に示した5点の理由から法的な規制が困難であるとの見解を示している。

櫻井（1989：179）は、この報告書から「ベビーホテルの規制が現状（当時）ではむずかしいと考えられていること、厚生省として最も困る問題は無認可保育所（ベビーホテル）側からの補助金要請であること」といった当時の厚生省の考えを知ることができると指摘している。

つまり、当時の厚生省は、ベビーホテルに対して否定的な考えをもっていた

表2-1　ベビーホテルの規制が困難な理由

①現在保育所については、児童福祉法に基づき施設の認可、最低基準の遵守等の規制が行われ、また、その運営主体である社会福祉法人については社会福祉事業法により種々の規制が行われている。他方、ベビーホテルはその目的、機能は基本的に保育所と何ら変わらない。従って保育所に対する規制とは別個にベビーホテルの規制を行うことは理論的に困難である。また、特に保育所最低基準を下廻る基準でベビーホテルを規制することは、乳幼児の福祉を守るという見地から許されないというべきである。
②ベビーホテルは従来のいわゆる無認可保育所の一形態であり、両者を区別して取り扱うことは困難であるが、これまで無認可保育所に対しては、人的物的設備の整備により認可保育所への引き上げを図ってきたところである。この方針は今後とも継続する必要があり、ベビーホテルを規制の対象とすることによって保育所より人的物的に劣るベビーホテルを公認することは避けなければならない。
③規制には法的根拠が必要であるが、ベビーホテル、無認可保育所、個人的な子ども預かり、幼児を対象とする塾等、ベビーホテル類似施設を区別し、ベビーホテルのみを規制することは法律上または運営上ほとんど不可能に近い。
④ベビーホテルを万一規制するとなると規制の反面として助成の要請が強まると思われる。この場合、ベビーホテルと同様の目的、機能をもつ保育所に対しては助成を行っていることとの均衡上、助成を拒否する合理的根拠は乏しいと言わなければならない。
⑤現在、ベビーホテルについて最も問題とされるべきは、単に物的人的な設備の問題にとどまらず、ベビーホテルも親も乳幼児を単なる物としてしか取り扱っていないこと、いわば子育てに携わる者の心の荒廃の問題である。従って、単に規制を行って表面的な施設設備は良くなっても子どもの福祉という点からみると問題の真の解決にはならないと思われる。

出所）厚生省ベビーホテル研究会「ベビーホテルをどうする」（1980年10月）より作成。

にもかかわらず、ベビーホテルということだけで規制する、あるいはベビーホテルにのみ助成をしないことに合理的根拠がないため、ベビーホテルのみを規制することは困難と考えていたのである。

　しかしながら、実際にはベビーホテルの社会問題化によって具体的な対策を講じざるを得なくなった。国会においてもベビーホテル問題は大きく取り上げられ、緊急に何らかの対策が迫られたにもかかわらず、増加・多様化する保育ニーズに対応する保育所をはじめとする児童福祉施設が不足しており、その受け皿として認可外保育施設、とりわけベビーホテルに頼らざるを得ない状況で

あった。そのような状況においては、たとえ問題があったとしても、「当面の対策」としてベビーホテルを含む認可外保育施設に対する規制を講じざるを得なくなったのである。

つまり、ベビーホテルという形態で保育サービスを提供していた営利法人に対して当初講じられた政策は、認可外保育施設に対する指導監督の実施であり、規制に重点が置かれていたのである。

ただ、政策的には規制に重点を置いていたとしても、実際には、営利法人がベビーホテルとして保育サービスを提供すること自体の規制には至らなかった。当時は、ベビーホテルを含む認可外保育施設については事業の届出の義務が規定されていなかったため、営利法人による保育サービスの提供の実態を正確に把握することは困難な状況にあり、規制を徹底することはできなかった。また、この指導監督基準による規制は、安全面や衛生面等について悪質なものを規制するということに重点が置かれていたため、それらに大きな問題がない営利法人が保育サービスを提供することを規制するには至らなかったのである。

(2) 営利法人に法的位置づけを付与

認可外保育施設に対する指導監督基準は、保育サービスを提供する施設に対して、児童福祉施設最低基準と認可外保育施設に対する指導監督基準という2つの基準が存在するという新たな問題をもたらすことになった。つまり、この指導監督基準が設けられたことによって、①児童福祉施設最低基準を遵守する認可保育所、②この通知でいう指導監督基準（事実上児童福祉施設最低基準を下回るもの）を満たす無認可保育施設、③この指導監督基準をも満たさない無認可保育施設という三層構造が存在することになったのである（山縣 2001：185-186）。

この点について「無認可保育施設に対する指導監督の実施について」（児発第566号通知）には、「指導基準は、劣悪な無認可保育施設を排除するための当面の基準であって、指導監督基準に適合する無認可保育施設を制度的に認める趣旨ではない」と規定されている。

また、当時の厚生省児童家庭局企画課の伊藤（1981：22-23）も、この指導基準は「劣悪な無認可保育施設排除のための基準というべきもの」であって、「指導基準に適合する無認可保育施設を制度的に認め、助成していこうという趣旨のものではなく、しかも措置施設としての適合を判断する基準としての意味をもつ従来の児童福祉施設最低基準とは全く性格を異にするものである」として、認可外保育施設に法的位置づけを付与するものではないことを強調している。

　しかし、このような政策的な意図にかかわらず、実際には「認可設備保育園」、「児童福祉法に基づく」、「厚生省届出済み」などとうたい、この指導監督基準を満たしていることを強調する広告もみられるようになった（山縣 2001：186）。

　中田（1982：44）は「無認可保育施設に対する当面の指導基準」が認可外保育施設の許可基準の役割を果たし、児童福祉施設最低基準を引き下げた第二基準であるとみなさざるを得ないと述べている。

　垣内（1982：38）は「児童福祉法最低基準を下まわる基準を法的に認知し、無認可保育事業への資本の参入をみとめ、ひいては、育児産業に市民権を与える役割をこの通知はもっている」と指摘している。

　つまり、この指導監督基準は、その政策的な意図に反して、営利法人による保育サービスの提供に法的位置づけを付与する結果につながっていったと言える。

(3) 営利法人に対する不明確な方針

　厚生省（当時）は、当初からベビーホテルの形態で営利法人が保育サービスを提供することを否定的にとらえていたが、認可外保育施設のすべてを否定的にとらえているわけではなかった。従来いわゆる共同保育所に対しては助成を行うことによって保育所への転換を促進しており、また、事業所内保育施設についてもその普及・拡充が図られていた。

　事業所内保育施設に対しては、1971年7月に「事業所内保育施設の指導等について」（児発第332号）が通知され、事業所内保育施設を運営する事業者に対

して必要な指導等が行われることになった。この通知では、実態の把握、保育指導専門職員等による指導、保育従事者の各種研修への参加等について規定されているが、指導基準については「事業所内保育施設の設備、職員及び保育内容等について、一定の保育水準を保持させ、児童の福祉を図るために、保育指導専門職員等による指導を計画的に行うこと」と規定されているのみで、具体的な基準は規定されていなかった。

1979年には「事業所内保育施設の指導の実施について」(児発第560号)が通知され、事業所内保育施設指導実施要項が定められた。この実施要項では、「保育指導職員等による巡回指導を計画的に行い、事業所内保育施設の設備、職員及び保育内容等について、児童福祉施設最低基準等を尊重した運営が行われるよう必要な助言と指導を行うこと」と規定された。指導基準については、児童福祉施設最低基準等を「尊重した運営」という曖昧な表現が使用されており、児童福祉施設最低基準を遵守させるということではなかった。

当時の事業所内保育施設は、業種別にみると、病院等が設置するものが約半数を占めていたが、製造業やサービス業などの営利法人による設置も多くみられた。[5] つまり、当時から事業所内保育施設という形態でも営利法人による保育サービスの提供が行われてきたのである。

しかし、事業所内保育施設に対しては、ベビーホテルが社会問題化してからも肯定的な意見が比較的多くみられた。自由民主党は「夜間保育の需要は特別の事業形態に起因するものがかなりあるので、事業所内保育所、院内保育制度等で対応することも考慮すべきであり、これらの普及、拡充及び指導を図ることが必要である」との立場を示していた。

また、他の政党も「事業所内における保育施設の設置の促進」(日本社会党)、「企業内保育の拡充強化と新設企業についても国が積極的に助成すること」(公明党)、「病院内保育所などに国の補助をふやし充実させる」(日本共産党)と、事業所内保育施設の設置に対しては肯定的な立場を示していた。[6]

各政党とも若干の立場の違いはあるにしても、増加・多様化する保育ニーズに対応するためには、認可外保育施設である事業所内保育施設の充実を図っていくことも必要と考えていたのである。

このように政策的にはベビーホテルとして営利法人が保育サービスを提供することに対しては否定的な姿勢であったのに対して、事業所内保育施設として営利法人が保育サービスを提供することに対しては比較的肯定的な姿勢であった。つまり、同じ営利法人による保育サービスの提供にしても、ベビーホテルや事業所内保育施設などの形態によって政策的な対応は異なり、営利法人による保育サービスの提供に対する政策の方針は明確に示されなかったのである。

4　保育政策における営利法人の位置づけ

　ベビーホテル問題が社会問題化するなかで、保育所において増加・多様化する保育ニーズに対応するために、延長保育や夜間保育などを新たに実施し、保育所機能を拡大していく方向で施策が推進された。しかしながら、当時は、これらの施策を推進するにあたって営利法人を保育所経営へ参入させるという政策的な意図はみられず、営利法人は現在のように保育所経営を行うことができなかった。
　つまり、この時期も営利法人による保育サービスの提供は、従来どおり営利法人による保育所の設置を認めないとする参入規制という形で保育所制度の枠外に位置づけられたのである。
　一方、認可外保育施設として営利法人が提供する保育サービスに対しては政策の変化がみられた。ベビーホテル問題以前は、認可外保育施設として営利法人が提供する保育サービスに対しては、その存在と対応の必要性が認識されていたにもかかわらず具体的な政策は講じられず、保育政策の枠外に放置されてきた。
　しかし、ベビーホテル対策として認可外保育施設に対する指導監督基準による規制が行われるようになり、営利法人が提供する保育サービスは認可外保育施設として位置づけられ保育政策のなかで議論されていくことになった。前述したように、この指導監督基準は、その政策的な意図に反して実際には営利法人による保育サービスの提供に法的位置づけを付与する結果につながっていった。

第Ⅰ部　保育政策における営利法人の位置づけ

　このように営利法人は認可外保育施設の経営主体のひとつとして位置づけられたわけであるが、保育政策において営利法人がどのように位置づけられていたかを検討するためには、認可外保育施設が保育政策においてどのように位置づけられていたのかを明らかにする必要がある。
　しかしながら、この時期は、ベビーホテル問題に対する当面の対策として認可外保育施設を規制することが議論の中心となり、現実を見据えて長期的に認可外保育施設を保育政策にどのように位置づけていくかという視点からの議論はなされなかった。それ故に保育政策における営利法人の位置づけに関しても議論されることはなかった。
　営利法人による保育サービスの提供に対する政策の方針が明確に示されなかった背景には、このような保育政策における認可外保育施設の位置づけの不明瞭さがあったと考えられる。

5　営利法人に対する政策の背景

　ここでは、これまでの検討を踏まえて、営利法人に対する政策がいかなる社会的背景によって規定されてきたのかを検討する。具体的には、なぜ営利法人に対する規制が政策的意図に反して営利法人による保育サービスの提供に法的位置づけを付与する結果につながっていったのか、なぜ保育政策における認可外保育施設および営利法人の位置づけが議論されなかったのかといった問いについて、1980年前後における保育政策の政策理念から検討していく。

(1)　福祉見直しと保育政策
　1973年10月のオイルショックを契機に、1950年代以降高い経済成長を持続してきた日本経済は急速に落ち込みをみせ始めた。低成長経済のもとで福祉需要の増大にいかに対応するかが課題とされ、いわゆる「福祉見直し」が主張されるようになった。国や地方自治体の財政危機を背景に政策の効率化が求められるようになったのである。
　さらに、1979年に閣議決定された「新経済7カ年計画」では、「個人の自

立・自助の精神に立脚した家庭や近隣、職場や地域社会での連帯を基礎としつつ、効率のよい政府が適正な負担のもとに福祉の充実」を目指す「日本型福祉社会」が提唱され、公的負担を支柱とした福祉国家の理念が大きく転換していくことになった。

1981年に設置された第二次臨時行政調査会（第二臨調）においても、「新経済社会7カ年計画」の政策構想を受け継ぎ、緊縮行政、行財政改革、日本型福祉社会の建設によって財政危機を克服することが提言された。

このような「福祉見直し」以降の政策動向を背景にして、財政的な側面から保育所のあり方が問われるようになった。政府は保育料を国の基準どおりに徴収せず保育料を超過負担していることが地方自治体の財政危機の要因となっていると批判し、このような政府の見解の下で各地方自治体において保育料を引き上げる方向で政策が進められるようになった（中田 1982：29-33）。さらに、「保育に欠ける児童」の基準を細分化して保育所の入所措置基準を厳格に運用することで国の負担を最小限にしようとする政策が進められた[7]。

したがって、このような財政状況のなかでは、延長保育や夜間保育の制度化などの既存の児童福祉施設を活用する諸施策によって制度的には保育ニーズの大部分に対応できるようになっても、保育所の整備を急速に推進することは困難であったことが理解できる。

さらに、これらの諸施策は運用面等において多くの課題を抱えており十分な整備がなされなかった[8]。たとえば、延長保育については、延長保育単価、延長保育料の徴収、従来行ってきた長時間保育との関係などにおいて問題が多く、当初1,000か所の実施を予定していたにもかかわらず、1982年4月の時点で延長保育実施園は107か所に留まっている。

つまり、制度的には増加・多様化する保育ニーズの大部分に対応できるようになったが、実際には、既存の児童福祉施設を活用する諸施策は、ベビーホテル利用者の十分な受け皿とはなり得ず、ベビーホテルを含め共同保育所などの認可外保育施設が対応していくようになったのである。

しかし、政策的には、ベビーホテル問題に対しては、あくまでも保育所をはじめとする既存の児童福祉施設で対応し、認可外保育施設は規制するという施

策が講じられていたため、認可外保育施設を保育政策に位置づけて積極的に活用する方向での議論はなされなかったのである。

(2) 親の育児責任と保育政策

一方で、この時期の保育政策は、財政的な側面だけでなく、親の育児責任の観点からも規定されていく。『厚生白書 昭和46年版』では、「家庭は今日でも依然として児童の人間形成の第一義的な場であり、児童はそこで母親を中心とした家族との人間関係を通じて健全に育っていくものである」(厚生省 1971：106) との姿勢が示されている。つまり、保育所は、家庭での保育機能が円滑に発揮されない場合に、とりわけ「家庭での育児を望みながらも就労せざるを得ない状態」(厚生省 1971：108-109) の場合に、やむを得ず家庭での保育機能を担う場所であった。

したがって、母親が貧困以外の理由で働くことに対しては「今日における既婚婦人の就労の目的が必ずしも経済的理由のみではなく社会的に期待される業務への参加などによることを考慮しても、幼いこどもを持つ母親が安易な気持ちから就労するといった傾向があるとすれば児童福祉の観点から、問題であろう」(厚生省 1971：109) と批判していた。

このような姿勢はベビーホテル問題が社会問題化してからも基本的には変わらなかった。自民党は、1981年3月にとりまとめた「ベビーホテル問題についての対策試案」(政務調査会社会部会ベビーホテル問題担当主査・戸井田三郎) において、「乳児期が人の一生に及ぼす影響を考えると乳児期には母親の愛情の下で育てられるのが最も望ましい」との姿勢を示している。

さらに、「ベビーホテル繁盛の裏には、一部ではあろうが、安易に子どもを預ける母親の存在もうかがえる。乳児期にとっての母性の重要性にかんがみ、妊産婦、母親等を対象とした教育指導育児知識の普及を図る必要がある」と親教育の推進を掲げ、親、とりわけ母親の育児責任を強調していた[9]。

このような親の育児責任を強調する政策側の姿勢は、「福祉見直し」以降の財政的な側面とともに、保育所の整備を遅らせる要因となり、増加・多様化する保育ニーズに認可外保育施設が対応するという状況を生み出していったので

ある。このような状況において実際にベビーホテルが増加するなかで、認可外保育施設に対する指導監督基準を満たしていることを強調する広告も現れ、営利法人による保育サービスの提供に法的位置づけを付与する結果につながっていったのである。

6 小　括

　本章では、ベビーホテル問題が社会問題化した1980年前後の保育政策の展開を営利法人に焦点をあてて検討することで、この時期の営利法人による保育サービスの提供に対する政策および営利法人の位置づけについて、以下の点を明らかにした。

①ベビーホテルという形態で保育サービスを提供していた営利法人に対して当初講じられた政策は、認可外保育施設に対する指導監督の実施であり、規制に重点が置かれていた

②認可外保育施設に対する指導監督は、その政策的な意図に反して、営利法人による保育サービスの提供に法的位置づけを付与する結果につながっていった

③同じ営利法人による保育サービスの提供にしても、ベビーホテルや事業所内保育施設などの形態によって政策的な対応は異なり、営利法人による保育サービスの提供に対する政策の方針は明確に示されなかった

④営利法人による保育サービスの提供に対する政策は、従来どおり営利法人による保育所の設置を認めないという参入規制という形で講じられた。つまり、営利法人による保育サービスの提供は保育所制度の枠外に位置づけられ、営利法人は認可外保育施設の経営主体のひとつとして位置づけられた

⑤営利法人による保育サービスの提供に対する政策の方針が明確に示されなかった背景要因には、保育政策における認可外保育施設の位置づけの不明瞭さがあった

⑥この時期の営利法人に対する政策は、「福祉見直し」以降の財政的な側面および親の育児責任の側面によって規定された

第Ⅰ部　保育政策における営利法人の位置づけ

注
1) この調査では、ベビーホテルを「乳幼児の保育施設であって夜間保育、宿泊を伴う保育又は時間単位での一時預かりを行っているもの」と定義しており、必ずしも営利法人によるものに限定してはいなかった。
2) たとえば垣内（1981：7）は「この厚生省調査は、『これが公費を使って行った行政調査か』という痛烈な批判をあびた。その理由は次の二点である。一つは、『ベビーホテル』の数は、実体的にこんな程度ではなく、2000から3000カ所はあるというのが関係者の常識だったからである。二つには、劣悪な『ベビーホテル』の実態が明らかにされなかったことである」と指摘している。
3) 「児童福祉法の一部を改正する法律」は、1981年5月28日に衆議院で可決され、6月3日に参議院で可決された。「児童福祉法の一部を改正する法律等の施行について」(1981.6　児発第539号通知)では、改正の目的を「ベビーホテル等の無認可の児童福祉施設の中には安全面等について問題があるものがみられることから、これらに対する規制を強化するため、無認可の児童福祉施設に対する厚生大臣及び都道府県知事の報告徴収及び立入調査の権限を設ける等児童福祉法の規定の整備を行うこと」としている。
4) 本書では、「児童福祉法の一部を改正する法律」および「無認可保育施設に対する指導監督の実施について」(児発第566号通知)などの規定や文献を引用するとき以外は、保育サービスを提供している認可保育所以外の施設を意味する用語として「認可外保育施設」を用いている。
5) 財団法人日本児童手当協会が実施した調査（杉本　1982：48）によると、1979年6月の時点では1,685か所の事業所内保育施設が設置されている。その業種別内訳をみると、「医療」831か所（49.3％）、「製造」196か所（11.6％）、「縫製」146か所（8.7％）、「サービス」122か所（7.2％）、「食品」101か所（6.0％）、「販売」70か所（4.2％）、「社福」26か所（1.5％）、「その他」193か所（11.5％）となっている。この調査は、財団法人日本児童手当協会が、事業所内保育施設の状況を把握するために、厚生省の協力を得て、各都道府県、指定都市の児童福祉主管課長に依頼してまとめたものである。長野県と福岡市が未提出のまま、まとめられているので、実際の数はこれを若干上回るものと想定されている。
6) 各党の主張は、以下の文書を参照。自由民主党（1981.3）「ベビーホテル問題についての対策試案」（政務調査会社会部会ベビーホテル問題担当主査・戸井田三郎）、日本社会党（1981.4）「保育対策緊急措置法案要綱」（社会保障政策委員会ベビーホテル対策小委員会委員長・金子みつ）、公明党（1981.4）「ベビーホテル問題等対策」（ベビーホテル問題等検討小委員会委員長・平石磨作太郎）、日本共産党（1981.4）「ベビーホテル問題を早く解決するために―当面の対策―」（対策委員長・藤原ひろ子）。
7) 中田（1982：27-29）は、1975年の行政管理庁による「幼児の保育及び教育に関する行政観察結果に基づく勧告」では「保育所と幼稚園の役割分担を明確にすることを求めているために、保育所入所に当って、『保育に欠ける児童』の基準を細分化し、厳しくチェックすることによって、教育目的による保育所利用を制限しようとした」と、この

勧告以降、とくに保育所の入所基準は引き締められる方向に進んでいったことを指摘している。
8)　これらの諸施策の運用面の課題については、中田 (1982)、垣内 (1982)、諏訪 (1982)、山縣 (1983a、1983b) を参照。
9)　社会的にも、これまで家庭育児信仰が強く、「三歳までは母の手で」という母性神話を徹底しようとしていた日本では、０歳児を保育所に預けて働くのはよほどの理由がある人であり、「必要悪」と考えられていた（森田 1996：197）。

第3章

営利法人に対する政策の変容
——健全育成・参入促進へ——

1 本章の目的

　第2章で述べたように、認可外保育施設に対してはベビーホテル対策によって指導監督が実施されたが、それによって状況が一変したわけではなかった。むしろ、認可外保育施設に対する指導監督は、その政策的な意図に反して、営利法人による保育サービスの提供に法的位置づけを付与する結果につながっていった。
　その後も認可外保育施設に対する規制は強化されていく一方で、1980年代後半から認可外保育施設を肯定的に評価していくという新たな政策展開がみられるようになる。さらに、2000年3月に「保育所の設置認可等について」（児発第295号）が通知されたことにより保育所経営への営利法人の参入が認められることになった。
　本章では、このようなベビーホテル対策以後から2000年の保育所経営への営利法人の参入に至るまでの保育政策の展開を営利法人に焦点をあてて検討することで、以下の3点を明らかにすることを目的とする。
①ベビーホテル対策以後、認可外保育施設を経営する営利法人に対してどのような保育政策が展開されたのか
②2000年の保育所経営への営利法人の参入はどのような背景で進められたのか
③ベビーホテル対策以後、保育政策における営利法人の位置づけはどのように

変容していったのか

2 認可外保育施設に対する規制の強化

(1) 乳幼児の処遇面に係る指導監督基準の強化

ベビーホテル対策として1981年に「無認可保育施設に対する指導監督の実施について」(児発第566号通知)が通知されたことによって認可外保育施設に対する指導監督基準が定められた。

しかしながら、「劣悪な保育環境にあるベビーホテル等において依然として乳幼児の死亡事故の発生がみられるほか、施設の管理運営及び乳幼児の処遇上の問題から乳幼児の心身両面にわたる健全な発育が阻害されている事例も見受けられる」状況であったため、1989年に「無認可保育施設に対する指導監督の強化について」(児福第16号)が通知された。

この通知では、「従来重点的に実施してきた保育従事者や施設の構造設備面の指導に加え、今般、乳幼児の処遇面についても指導の強化を図る」ために処遇面に係る重点的着眼点が定められた。具体的には、①保育の状況、②給食の状況、③健康管理の状況、が指導監督の際の重点的着眼点として新たに追加され、乳幼児の処遇面に係る指導監督基準が強化された。

(2) より効果的な指導監督基準へ

1999年に神奈川県大和市の「スマイルマム大和ルーム」において施設長による利用児童に対する傷害致死事件が発生したことなどを契機に、認可外保育施設に対する規制はさらに強化される方向で展開されていく[1]。

2000年4月には「認可外保育施設に対する指導監督の強化について」(児保第18号)が通知された。この通知では、前年に「改定された保育所保育指針を参考に、認可外保育施設における指導の強化を図るための乳幼児の処遇面に係る重点的着眼点」が定められた。具体的な大項目は1989年の通知と同じく、①保育の状況、②給食の状況、③健康管理の状況、であったが、それぞれの内容がより具体的に示された。

さらに2001年4月にはより効果的な指導監督を図る観点等から「認可外保育施設に対する指導監督の実施について」（雇児発第177号）が通知され、認可外保育施設指導監督の指針および認可外保育施設指導監督基準が定められた。

この認可外保育施設指導監督基準の具体的な大項目は、①保育に従事する者の数および資格、②保育室等の構造設備および面積、③非常災害に対する措置、④保育室を2階以上に設ける場合の条件、⑤保育内容、⑥給食、⑦健康管理、⑧備える帳簿等、の8項目で、指導監督基準に加えてその考え方も具体的に示された。

(3) 依然として残るダブルスタンダードの問題

このように1989年、2000年および2001年の通知によって認可外保育施設の指導監督基準がより具体的に定められたことによって、認可外保育施設を経営する営利法人に対しても規制を強化する政策が講じられた。

しかしながら、1981年の通知と同じく、その指導監督基準はいずれの通知においても依然として児童福祉施設最低基準を下回るものであった[2]。つまり、ベビーホテル対策の際に指摘された、児童福祉施設最低基準と認可外保育施設に対する指導監督基準という2つの基準が存在するというダブルスタンダードの問題は依然として残されていたのである。

このような児童福祉施設最低基準を下回っている指導監督基準で規制を行っているにもかかわらず、ベビーホテル点検・指導結果から指導基準に適合していない施設の割合（図3-1）をみると、毎年6～7割のベビーホテルが指導基準に適合していない状況であった[3]。

さらに「指導基準に適合していないもの」への指導状況（表3-1）をみると、口頭指導、文書指導で対応されており、1990年代には移転勧告、事業停止命令、施設閉鎖命令のいずれも出されなかった。垣内（2000：7）は「毎年6～7割が指導基準に不適合のままであるにもかかわらず、口頭・文書指導が繰り返されるだけで何も改善されていないというのでは、もはや指導基準の名に値しない」と指摘している。

施設長による利用児童に対する傷害致死事件が発生した神奈川県大和市の

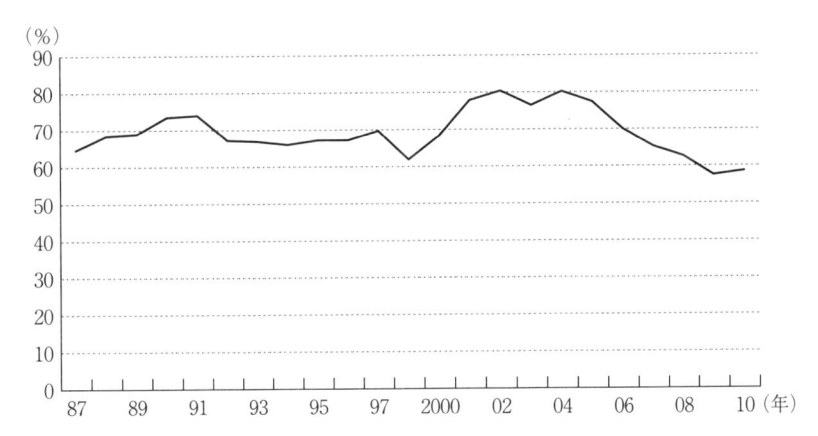

第 3 章　営利法人に対する政策の変容

出所）1990～1993年度は「ベビーホテルの現況調」（厚生省児童家庭局母子福祉課）、1994～1995年度は「無認可保育施設について」（厚生省児童家庭局母子福祉課）、1996～2010年度は「認可外保育施設について」（厚生省児童家庭局保育課）より作成。

図 3-1　指導基準に適合していない施設の割合

表 3-1　「指導基準に適合していないもの」への指導状況

	1987年度	1988年度	1989年度	1990年度	1991年度	1992年度
口頭指導	114	93	95	107	102	89
文書指導	166	201	207	214	203	197
改善勧告	0	0	0	0	0	0
公表	0	0	0	0	0	0
移転勧告	0	0	0	0	0	0
事業停止命令	0	0	0	0	0	0
施設閉鎖命令	0	0	0	0	0	0
計	280	294	302	321	305	286

	1993年度	1994年度	1995年度	1996年度	1997年度	1998年度
口頭指導	92	99	102	145	149	187
文書指導	182	185	223	201	253	215
改善勧告	0	0	0	0	0	0
公表	0	0	0	0	0	0
移転勧告	0	0	0	0	0	0
事業停止命令	0	0	0	0	0	0
施設閉鎖命令	0	0	0	0	0	0
計	274	284	325	346	402	402

第Ⅰ部　保育政策における営利法人の位置づけ

	2000年度	2001年度	2002年度	2003年度	2004年度	2005年度
口頭指導	177	0	0	0	0	238
文書指導	424	639	1,106	972	1,004	908
改善勧告	0	0	0	0	1	0
公表	0	0	0	0	0	0
移転勧告	0	0	0	0	0	0
事業停止命令	0	0	0	0	0	0
施設閉鎖命令	1	0	0	0	0	0
計	602	639	1106	972	1,005	1,146

	2006年度	2007年度	2008年度	2009年度	2010年度
口頭指導	211	192	186	201	193
文書指導	786	707	678	551	564
改善勧告	1	3	2	0	0
公表	1	0	2	0	0
移転勧告	0	0	0	0	0
事業停止命令	0	0	0	0	0
施設閉鎖命令	0	0	0	0	0
計	999	902	868	752	757

注1）口頭指導をし、かつ文書指導をした施設については文書指導のみ計上している。
注2）各年度の数値は年度末（3月31日）現在。2000年度のみ12月31日現在の数値。1999年度のデータはなし。
出所）厚生省児童家庭局母子福祉課「ベビーホテルの現況調」（1990年～1993年）、厚生省児童家庭局母子福祉課「無認可保育施設について」（1994年～1995年）、厚生省児童家庭局保育課「認可外保育施設について」（1996年～2010年）より作成。

「スマイルマム大和ルーム」に対しては2000年に施設閉鎖命令が出されたが、2000年以降もほとんどが口頭指導・文書指導が行われている状況に変わりはない。

3　認可外保育施設に対する健全育成策の展開

(1)　民間育児サービスの育成

　ベビーホテル対策以後、認可外保育施設に対する規制が強化される一方で、認可外保育施設を肯定的に評価していくという新たな政策展開がみられるよう

になる。1988年1月に厚生省政策ビジョン研究会がとりまとめた「『変革期における厚生行政の新たな展開のための提言』について」では、措置制度の弾力化を図るとともに、保育所機能を活用して、育児、学童保育、ベビーシッターの派遣等を自由契約サービスとして行うこととし、自由契約サービスに対する補助システムを導入することが提言された。

この提言では「自由契約を導入した福祉サービスの拡大」、「民間活力の活用」など、その後の福祉改革の基本がうたわれ、これを契機に「民間育児サービスの育成」などの言葉が厚生省関連の報告書にみられるようになった（山縣 2002：203）。

1990年代に入ると、「健やかに子供を生み育てる環境づくり」（1991年、健やかに子供を生み育てる環境づくりに関する関係省庁連絡会議）、「子どもと家庭アピール」（1991年、子どもと家庭に関する円卓会議）、「今後の保育所のあり方について──これからの保育サービスの目指す方向（提言）」（1993年、これからの保育所懇談会）などが相次いでとりまとめられる。

「健やかに子供を生み育てる環境づくり」では、職業生活と家庭生活の両立支援の具体的な対応のひとつとして、保育所のサービスを拡充していくとともに、事業所内保育施設を推進していくことが提言された。

「子どもと家庭アピール」では、「多様化する保育需要に対応できるフレックス保育サービスの創設や最寄り駅など保護者にとって利用しやすい場所への保育施設の設置など地域や職域のニーズに応じた様々な保育サービス」を検討していくことが提言された。

また「今後の保育所のあり方について」では、新たな保育ニーズに対応するための今後の保育サービスのあり方について、当面の考え方が機能面からとりまとめられた[4]。そのなかで「民間育児サービスのあり方」について「民間育児サービス産業を保育施設との相互補完の観点から、保育サービス全体の中に位置付けて、適切な連携を図りつつ、その健全な振興を図ることにより、保育サービスの一層の向上につなげていくべきである」との方向性が示された。

これらの提言では、多様化するニーズに対応していくために保育所だけでなく、認可外保育施設を健全育成し活用していくことが提言された。そのなかで

認可外保育施設を経営する営利法人についても肯定的に評価し、保育サービス全体のなかに位置づけて「民間育児サービスの育成」を図っていくという方向性が示されたのである。

(2) 駅型保育試行事業の実施

1994年12月に策定された「今後の子育て支援のための施策の基本的方向について（エンゼルプラン）」では、駅型保育、在宅保育サービス等の育成・振興を図り、保育システムの多様化・弾力化を促進することが重点施策として掲げられた。さらに、子育てしながら働き続けることができる環境の整備として、事業所内保育施設の設置促進も重点施策に盛り込まれた。

このような認可外保育施設に対する健全育成策のひとつとして、1994年度から駅型保育試行事業が実施された。また、1994年7月にはこのような駅型保育試行事業や事業所内保育施設、企業委託型保育サービス事業など民間の各種子育て支援事業への助成を行うことを目的として子ども未来財団が設立されている。

田辺（1997：82）は、駅型保育施行事業が「厚生省の新たな施策として発足したことは、これまでの無認可保育施設対策から一歩踏み出した新しいタイプの無認可保育施設への助成という点での、モデル事業であることを前提としながらも新しい局面を開いたといってよいであろう」と指摘している。

このように駅型保育試行事業は、一定の基準を満たす場合には助成を行うとしたことで保育政策に新たな展開をもたらすことになった。そのなかで、従来、事業所内保育施設を除いては実施されてこなかった営利法人による保育サービスの提供に対する助成も行われることになったのである。

ところで、ここでいう一定の基準とはどのような基準であろうか。駅型保育施行事業実施要項[5]によると、保育に従事する者の数は、おおむね児童福祉施設最低基準に定める数以上と規定されている。しかし、「保育に従事する者は保育士であることを原則とするが、これにより難い場合には、保育の専門的な知識に基づいて保育が行われると認められる体制がとられていること」と、必ずしも保育士でなければならないということにはなっていない。保育施設につい

ては、児童福祉施設最低基準に規定されている医務室（乳児または満2歳に満たない幼児を入所させる場合）、調理室が規定されておらず、屋外遊技場（満2歳以上の幼児を入所させる場合）についても、保育施設の付近に屋外遊技場に代わるべき場所があれば構わないとされている。さらに、保育内容や保護者との連携などについても規定されていない。

つまり、駅型保育施行事業が定める一定の基準は児童福祉施設最低基準を下回る基準であり、その児童福祉施設最低基準を下回る保育施設に対して助成が行われていたということである。

(3) 保育所への移行支援

2002年度には特別保育事業に保育所への移行支援が盛り込まれた。この事業は、「良質な認可外保育施設の認可化について支援することにより、都市部を中心とした保育サービスの供給増を図る」ことを趣旨としている。

この事業には、①移行支援事業（認可外保育施設に対し、認可化移行計画に基づき、保育内容、施設運営、児童の健康管理などについて、認可移行に必要な支援・指導・確認を行う）と、②環境改善事業（当該施設の環境改善を行うため、間仕切り工事や模様替え等の軽微な改造工事、乳幼児の安全・保健衛生面の向上を図るための整備の設置および更新などを行う）がある。対象施設は、市町村が地域の保育資源として保育所へ移行すべきと認定した認可外保育施設とされており、営利法人が経営している認可外保育施設も対象となっていた。

4　保育所経営への営利法人の参入

(1) 営利法人の参入の背景
1) 社会福祉基礎構造改革による多様な経営主体の参入促進

1990年代後半には、戦後50年という節目を迎えるなかで、措置制度から利用制度への転換、社会福祉サービスの計画化、地域福祉の推進など、社会福祉分野において新たな政策が展開されていくようになった。

1998年6月に中央社会福祉審議会社会福祉基礎構造改革分科会がとりまとめ

た「社会福祉基礎構造改革について（中間まとめ）」では、改革の基本的方向のひとつとして「多様な主体の参入促進」が挙げられた。サービスの経営主体の多様化は、1980年代以降議論され続けている課題であるが、「中間まとめ」では社会福祉事業の経営主体の範囲を見直すことにより社会福祉事業の枠内に多様な経営主体を位置づけていくことが示され、従来の議論よりも一歩踏み込んだものとなっている[6]。

「中間まとめ」公表後に行われた関係団体との意見交換会においても「多様な主体の参入促進」は大きな論点となった。営利法人を含む多様な経営主体の参入によって競争によるサービスの向上を期待し賛成する立場や、倫理規定の導入など条件付きで理解する意見がある一方で、営利法人で福祉サービスの質を確保できるのかといった疑念、社会福祉事業の経営にはそもそも営利法人はなじまないとして反対する意見も強かった（炭谷 2003：61）。

1998年12月に同分科会より公表された「検討状況の報告（まとめ）」では、サービス供給主体の見直しにあたって考慮すべき点として、①社会福祉事業の高い公共性を維持できること、②福祉専門職を確保しているなど、サービスの基準を満たすこと、③福祉サービスの実施については、一定の実績を有すること、④継続性および安定性が確保できること、⑤地域におけるサービスの需給状況を勘案する必要があること、の5点が挙げられた。

中央児童福祉審議会企画部会においても、社会福祉基礎構造改革に関する内容が取り上げられ、その中心テーマのひとつとして保育所経営への営利法人の参入が議論された。この部会においても賛否両論の意見が出されているが[7]、全体としては参入を条件付きで認める方向で進められた。「検討状況の報告（まとめ）」において考慮すべき点として挙げられた条件のなかでは、とくに⑤の地域におけるサービスの需給状況の勘案について強調する意見が出された[8]。厚生省側の発言からは、5つの条件のなかで、①の公共性の維持と、④の継続性・安定性の確保をとくに重要視していたことがうかがえる[9]。

このような議論を受けて、1999年4月に厚生省が公表した「社会福祉基礎構造改革について（社会福祉事業法等改正法案大綱骨子）」では、「保育所について、待機児童数の状況など地域の受給状況等を総合的に勘案し民間企業など社

会福祉法人以外の参入を認めること」と、保育所経営への営利法人の参入を認めることが明記された。なお、この項目は「運用事項」として挙げられており、法律の改正を行わなくてもできる扱いとなっていた。

これを受けて同年9月に開催された中央児童福祉審議会企画部会においても大きな反対意見は出されず、保育所経営への営利法人の参入が認められることになった。

2) 規制改革による営利法人の参入促進

第2章で述べたように、ベビーホテル対策における営利法人に対する政策は「福祉見直し」以降の財政的な側面によって規定された。このような流れはベビーホテル対策以降も続いていく。

1987年12月に福祉関係三審議会合同企画分科会は「今後のシルバーサービスの在り方について（意見具申）」をとりまとめ、シルバーサービス等の営利法人に対する公的関与のあり方を示した。そこでは、営利法人に対してはこれ以上の法的規制を行う必要はないとしたうえで、営利法人自身による自主規制を求めるとともに、公的な政策融資の充実等によりその健全な育成に努めることが示された。さらに、「公的部門により確保提供されるべきサービスについても、民間部門における創造性、効率性を考慮し、支障のない限り適正な管理の下に民間部門に委託することを考えるべきである」とした。この方針は同分科会が1989年3月にとりまとめた「今後の社会福祉のあり方について（意見具申）」においても確認された。

1990年代に入ると、財政再建問題と結びついて国民の自立・自助と民間活力の活用が強調され、行政の合理化、効率化の推進という視点から福祉施策のあり方が問われていった。このような背景のなかで、民間活力の活用が推進され、とくに保育サービス、シルバーサービスにおいて、営利法人の健全育成の方針が積極的に展開されていった。

さらに1990年代後半からは、前述した社会福祉基礎構造改革が推進されるのと並行して、医療・福祉分野に市場原理の導入を主張する勢力が台頭し、規制改革を通して社会福祉への影響力を大きくしていった。

規制緩和委員会（1998年1月に設置。1999年4月に「規制改革委員会」に名称変

更）が公表した政策文書およびそれを受けて閣議決定された「規制緩和推進3か年計画」をみると、保育所経営への営利法人の参入に関連する記述が徐々に変化していっていることがわかる。

　第1は、規制緩和委員会の営利法人の参入に対する姿勢がしだいに積極的になっていることである。たとえば、1998年12月に公表された「規制緩和についての第1次見解」では、従来の「児童の保育に係る福祉サービスにおける民間企業の参入」という表現が「認可保育所の設置主体について、民間企業の参入を認めること」という表現になり、保育所経営への営利法人の参入が明確に示された。また、1999年7月に公表された「規制改革に関する論点」では、従来の「認めることについて検討を行い早急に結論を得るべきである」という表現が「積極的に認めるべき」という表現になり、営利法人の参入に対する規制緩和委員会の姿勢がより強くなったことがうかがえる。

　第2は、営利法人の参入を推進する目的の変化である。1998年3月に閣議決定された「規制緩和推進3か年計画」では、営利法人の参入を推進する理由が明記されていなかったが、1998年12月に公表された「規制緩和についての第1次見解」で「待機児の解消」が目的として挙げられた。

　また、1999年7月に公表された「規制改革に関する論点」では、営利法人の参入の目的として待機児童の解消とともに、「多様な需要への対応」が追加された。さらに、1999年12月に公表された「規制改革委員会第2次見解」では、「少子化問題解決」、「保育の潜在的ニーズにも配慮した保育サービスの量的拡大」、「保育サービスの多様化と質の向上」が新たに追加された。[10]

　つまり、規制改革の議論においては、待機児童対策などの検討のなかから営利法人の参入が提案されてきたというわけでなく、規制緩和の側面から求められ、待機児童対策などの目的が付加されていったとみることができる。

3）　親の育児責任の強調から少子化対策の推進へ

　一方で、この時期の保育政策は、社会福祉基礎構造改革や行財政改革による民間活力の活用、規制改革の推進といった側面からだけでなく、少子化対策の観点からも規定されていく。

　1974年をピークに低下し始めた合計特殊出生率は、1990年代に入ってもその

表3-2　待機児童数の推移（各年4月1日現在）

1995年	1996年	1997年	1998年	1999年	2000年
28,481人	32,855人	40,523人	39,545人	33,641人	34,153人

厚生省保育課調べ

出所）全国保育団体連絡会・保育研究所編（2002）『保育白書2002』草土文化、273頁より作成。

　低下に歯止めがかからなかった。合計特殊出生率は、1990年の1.54から1999年には1.34となり、低下の一途をたどっていった。一方で高齢化率は、1990年の12.0％から1999年には16.7％となり、高齢化は急速に進展していった。いわゆる「1.57ショック」を契機として少子化が社会問題としてクローズアップされたことで、1990年代に入ると本格的に少子化対策が講じられるようになり、保育政策は少子化対策の一環として展開されていくようになった。

　1994年12月に策定された「今後の子育て支援のための施策の基本的方向について（エンゼルプラン）」では、「仕事と子育ての両立支援」を施策の基本的方向のひとつとして掲げ、育児休業制度の充実、労働時間の短縮の推進と並んで、低年齢児保育の拡充など保育サービスの充実を図ることが示された[11]。その具体化の一環として「当面の緊急保育対策等を推進するための基本的考え方（緊急保育対策等5か年事業）」が策定された。

　緊急保育対策等5か年事業では、共働き家庭の増加、核家族化の進行などを背景にして増加、多様化する保育ニーズに対応するために、低年齢児の受け入れ枠を60万人分に拡大するなど具体的な目標値が盛り込まれた。さらに、この時期には特別保育事業に対する国庫補助が開始され、延長保育、一時保育、障害児保育などを実施することにより保育ニーズの多様化への対応が図られた。しかしながら、都市部を中心に待機児童の解消には至らず、とりわけ1990年代後半から待機児童の問題が表面化するようになった（表3-2）。

　このように1990年代に入って少子化が社会的問題としてクローズアップされ、さらに1990年代後半から待機児童の問題が表面化することに伴い、保育政策に対する国の姿勢は、従来の親の育児責任を強調する姿勢から、少子化対策として保育政策を積極的に整備していく姿勢へ転換していった。

しかし、財政問題もあり、多様化するニーズを充足するためには、従来の公営保育所や社会福祉法人による保育サービスの提供だけでは限界があった。このような状況のなかで、認可外保育施設を規制するよりも良質な認可外保育施設を活用してサービスを確保していくこと、さらに保育所経営への営利法人の参入が主張されるようになる。

つまり、市場機構を通じて創造性、効率性を適切に発揮して多様なニーズに対応していくことが期待されるようになり、営利法人の健全育成、保育所経営への営利法人の参入が積極的に推進されていくことになったのである。

(2) 営利法人が経営する保育所の設置認可の基準

第1章で述べたように、1963年3月に通知された「保育所の設置認可等について」(児発第271号)には「私人の行う保育所の設置経営は社会福祉法人の行うものであることとし、保育事業の公共性、純粋性及び永続性を確保し事業の健全なる進展を図るものとすること」と規定され、営利法人は保育所の経営主体として認められていなかった。

しかし、前項で述べた状況のなかで、2000年3月に「待機児童の解消等の課題に対して地域の実情に応じた取組みを容易にする観点」を踏まえて保育所の設置認可の指針が改められ、「保育所の設置認可等について」(児発第295号)が通知された。これにより保育所経営への営利法人の参入が認められることになった。

営利法人が保育所経営へ参入するにあたっては、社会福祉法人とは別の審査基準が設けられた。通知では、社会福祉法人以外の者による設置認可の審査基準について、表3-3に示したような経済的基礎、経営者の社会的信望、財務内容の適正など5つの基準が示された。この審査基準については、パブリックコメントにおいて経済的基礎の条件が不十分との意見が寄せられたが、厚生省(当時)は「社会福祉法人設立の基準との均等を勘案して定めたものであり、適当と考えています」と回答している。

つまり、社会福祉法人以外の者による設置認可の審査基準は、社会福祉法人と社会福祉法人以外の者の基準が別々に定められたが、厚生省(当時)として

表3-3　社会福祉法人以外の者による設置認可の審査基準

　社会福祉法人以外の者から保育所の設置認可に関する申請があった場合には、以下の基準に照らして審査すること。
ア　保育所を経営するために必要な経済的基礎があること。
イ　経営者（設置者が法人である場合にあっては、当該法人の経営に携わる役員とする。以下同じ。）が社会的信望を有すること。
ウ　（ア）及び（イ）のいずれにも該当するか、又は（ウ）に該当すること。
　（ア）　実務を担当する幹部職員が、保育所等において二年以上勤務した経験を有する者であるか、若しくはこれと同等以上の能力を有すると認められる者であるか、又は、経営者に社会福祉事業について知識経験を有する者を含むこと。
　（イ）　社会福祉事業について知識経験を有する者、保育サービスの利用者（これに準ずる者を含む。）及び実務を担当する幹部職員を含む運営委員会（保育所の運営に関し、当該保育所の設置者の相談に応じ、又は意見を述べる委員会をいう。）を設置すること。
　（ウ）　経営者に、保育サービスの利用者（これに準ずる者を含む。）及び実務を担当する幹部職員を含むこと。
エ　保育所を経営する事業に関し、不正又は不誠実な行為をするおそれがあると認めるに足りる相当の理由がある者でないこと。
オ　財務内容が適正であること。

出所）厚生省児童家庭局長通知「保育所の設置認可等について」（2000年3月30日、児発第295号）より抜粋。

は、保育所の経営において営利法人を含む社会福祉法人以外の者を政策的に特別に位置づけたのではなく、社会福祉法人と同じように位置づけたということである。

(3) イコールフッティングの要請

　前項で述べたように、社会福祉法人以外の者による保育所の設置認可の審査基準は、社会福祉法人と社会福祉法人以外の者の基準が別々に定められたが、厚生省（当時）としては、保育所の経営において営利法人を含む社会福祉法人以外の者を政策的に特別に位置づけたのではなく、社会福祉法人と同じように位置づけていた。
　しかしながら、規制改革委員会からは、「規制に関する論点」（2000年7月）において、このような設置認可に基準に対して「曖昧で恣意的な条件が付され

ている」、「行政基準が明確でない規定については撤廃すべきではないか」、「社会福祉法人には無い規制を課す根拠の合理性を明らかにすべきではないか」といった意見が出された。

これに対して、厚生労働省は、表3-4に示したように、それぞれの条件が社会福祉法人の設置認可の基準と照らし合わせて合理的な条件であることを説明している。そのうえで「社会福祉法人以外の者からの申請を審査する際の基準として掲げているものは、社会福祉法人であれば法人の設置認可の際に審査を受ける内容であり、社会福祉法人以外の者に対して、より厳しい条件を課しているわけではない」と説明している。

このように厚生労働省は、社会福祉法人の設置認可の基準と照らし合わせて、社会福祉法人以外の者に対してより厳しい条件を課しているわけではないと説明しているが、さらなる規制緩和を求める声も強く、別々に定められている社会福祉法人と社会福祉法人以外の者の審査基準を統一していくことが要請されている。さらに、税の減免や施設整備費の助成などの社会福祉法人に対する優遇措置に対して、競争条件の不均衡を是正し、公正な市場を形成すべきとの立場から、いわゆる「イコールフッティング」が求められている。[12)][13)]

たとえば、総合規制改革会議が2002年7月にとりまとめた「中間とりまとめ」では、「現行の補助金制度や税制等の下では、民間事業者が公共サービスを提供する場合、事業運営上不利になる場合が生じ、多様な手法の実現や民間の事業参画の機会が制限される」として、「同一市場における同一条件の下で行われるサービスにあっては、提供されるサービスの内容に着目して、補助金や税制等のイコールフッティングの実現を図るべきである」と述べられている。

また、八代（2001：21）は、営利法人が社会福祉法人と公平な競争ができるようにする必要があるとしたうえで「健全な民間事業者を育てていくためには、イコールフッティング原則の確保が不可欠」と主張している。

このように保育所経営へ営利法人の参入は、単に多様な経営主体の参入が認められることになったということに留まらず、さらなる規制緩和が要請されるなど保育制度に大きな影響を与える動きになっているのである。

第 3 章　営利法人に対する政策の変容

表 3-4　社会福祉法人以外の者による保育所の設置認可の審査基準に対する考え方

【民間企業の認可保育所参入条件の見直しについて】
論点 2：民間企業経営の認可保育所に課されている条件につき、個々の必要性、根拠を明確にするか、ないしは必要な見直しを行うべきではないか。
◇民間企業の認可保育所経営参入については、平成12年 3 月30日の厚生省児童家庭局発295号において認められたところであるが、民間企業が認可保育所を設立する際の要件には、社会福祉法人が認可保育所を設立する際の要件に加えて、「社会的信望があること」、「必要な経済的基礎があること」、「不正または不誠実な行為をするおそれがあると認めるに足りる相当な理由がある者でないこと」等、曖昧で恣意的な条件が付されている。これらの行政の判断基準が明確でない規定については撤廃すべきではないか。
◇同様に、民間企業が認可保育所を設立する際の要件には、「実務を担当する幹部職員が、保育所において 2 年以上勤務した経験を有する者であるか、若しくはこれと同等以上の能力を有すると認められる者であるか、又は、経営者に社会福祉事業について知識経験を有する者を含むこと」とか、「社会福祉事業について知識経験を有する者、保育サービスの利用者及び実務を担当する幹部職員を含む運営委員会を設置すること」といった規制が課されているが、民間企業に対してのみこのような社会福祉法人には無い規制を課す根拠の合理性を明らかにすべきではないか。また、合理的根拠に欠ける場合は、見直しをすべきではないか。
◆「社会的信望」について
（1）社会福祉法人の場合は、法人の設立認可に際し、その役員について、
　　・社会福祉法に定める欠格事由に該当しないこと
　　・社会福祉事業について熱意と理解を有し、かつ、実際に法人運営の職責を果たし得る者であること等を求めており、「社会的信望」は、これと同等の資質を経営者に求める趣旨として包括的に規定したもの。
　　社会福祉事業たる保育事業を行う以上、経営主体の如何に関わらず、その事業の公共性からみて、経営者に社会福祉法人の場合と同等の資質を求めることは合理的な要件。
（2）具体的には事例に即して判断すべきものであることから、具体的な判断基準を細かく示してはいないが、法律上「社会的信望」を求めている事例（社会福祉法第62条第 4 項に規定する社会福祉施設の設置者の要件、学校教育法第82条の 5 に規定する専修学校の設置者の要件など）もあり、特に曖昧、恣意的なわけではない。
◆「必要な経済的基礎がある」について
（1）規制緩和の際に併せて発出した保育課長通知において、以下のように明示している。
　　・必要な経済的基礎があるとは、以下の①及び②のいずれも満たすものをいうこ

第Ⅰ部　保育政策における営利法人の位置づけ

　　　と。
　　①原則として、保育所の経営を行うために直接必要なすべての物件について所有権を有しているか、又は国若しくは地方公共団体から貸与若しくは使用許可を受けていること。ただし、平成12年３月30日児発第297号「不動産の貸与を受けて設置する保育所の認可について」に定められた要件を満たしている場合には、「必要な経済的基礎がある」と取り扱って差し支えないこと。
　　②保育所の年間事業費の12分の１以上に相当する資金を、普通預金、当座預金等により有していること。
　　・都道府県、指定都市、中核市は、これを踏まえて具体的な事例に即して判断することとしている。
（２）社会福祉法人の設立に際しても、法人の資産要件として同趣旨のもの（社会福祉施設を経営する法人にあっては、すべての施設についてその施設の用に供する不動産は基本財産としなければならないこと。ただし、すべての社会福祉施設の用に供する不動産が国又は地方公共団体から貸与又は使用許可を受けているものである場合にあっては、100万円以上に相当する資産を基本財産として有していなければならないこと。法人を設立する場合にあっては、必要な資産として運用財産のうちに当該法人の年間事業費の12分の１以上に相当する現金、普通預金又は当座預金等を有していなければならないこと。）を挙げており、社会福祉法人の場合と同等のものとして合理的な要件である。
◆「不正な行為をするおそれがない」について
（１）規制緩和の際に併せて発出した保育課長通知において、「不正又は不誠実な行為をするおそれがあると認めるに足りる相当の理由がある者とは、申請者の資質及び社会的信用の面から適切な業務運営が期待できないことが当初から明らかな者をいい、例えば、児童福祉法第59条第３項に基づく事業の停止等を命じられたことがある者や、同条第１項に基づく報告徴収に対して虚偽の報告等を行ったことがある者などは、これに該当すること。」と明示し、これを踏まえて具体的な事例に即して判断することとしている。
　　　法律上、全く同じ表現を用いている事例（廃棄物処理法第７条第３項、建設業法第７条第３号）もあり、曖昧、恣意的なわけではない。
（２）社会福祉法人の設立に際しても、法人役員の欠格事由として同趣旨のもの（生活保護法、児童福祉法、老人福祉法、身体障害者福祉法又は社会福祉法の規定に違反して刑に処せられ、その執行を終わり、又は執行を受けることがなくなるまでの者）を挙げており、社会福祉法人の場合と同等のものとして合理的な要件である。
◆経営者に福祉経験者や利用者を含めることについて
（１）社会福祉法人の設立認可の際には、
　　・理事の４分の１以上が社会福祉事業について知識経験を有する者であること
　　・社会福祉施設を経営する法人にあっては、施設経営の実態を法人運営に反映させ

るため、原則として1人以上の施設長が理事として参加すること
　とされている。
　　　また、社会福祉法人の場合、地域との連携が必要なことから、理事に地域の代表
　を加えることとされている。地域に密着した施設である保育所の場合、保育サービ
　スの利用者は地域関係者と同等の役割を有するものである。
(2) 社会福祉事業たる保育事業を行う以上、経営主体の如何に関わらず、事業の性
　格からみて、その経営に社会福祉事業の知識経験者等の参加を求めることは、社会
　福祉法人の場合との均衡の観点からみて合理的な要件である。
◆以上説明したように、今般の規制緩和の通知の中で、社会福祉法人以外の者からの
　申請を審査する際の基準として掲げているものは、社会福祉法人であれば法人の設
　置認可の際に審査を受ける内容であり、社会福祉法人以外の者に対して、より厳し
　い要件を課しているわけではない。

注）◇は規制改革委員会の規制改革の意見・考え方であり、◆は◇に対する厚生労働省の説明や意見・考え
　　方を示す。
出所）「規制改革に関する論点」（規制改革委員会、2000年7月26日）より抜粋。

5　保育政策における営利法人の位置づけの変容

(1) 保育所制度の補完的役割としての位置づけ

　第2章で述べたように、1980年代まではベビーホテル問題に対する当面の対策として認可外保育施設を規制することが議論の中心となり、長期的に認可外保育施設をどのように保育政策に位置づけていくかという視点からの議論はなされなかった。そのため保育政策における営利法人の位置づけに関しても議論されることはなかった。つまり、保育政策における営利法人の位置づけは不明瞭であり、営利法人による保育サービスの提供に対する政策の方向性は明確に示されなかったのである。
　1990年代に入ると、本章の3で述べたように営利法人による保育サービスの提供に対する政策に新たな展開がみられるようになり、認可外保育施設を積極的に活用していく方向性が示され、認可外保育施設は保育所の補完的役割として位置づけられていった。このように認可外保育施設が保育所の補完的役割として保育政策に位置づけられていく過程で、営利法人が経営する認可外保育施

第Ⅰ部　保育政策における営利法人の位置づけ

設も保育所の補完的役割として保育政策に位置づけられていくようになったのである。

しかしながら、その具体的な政策の展開をみると、1980年代までの問題点が克服できたとは言い難い点がいくつかある。

第1は、認可外保育施設の位置づけの曖昧さである。たしかに保育所の補完的役割としての位置づけが政策の方向性として示されたが、その具体的な施策は乏しかった。駅型保育試行事業では認可外保育施設への助成が行われたが、駅型保育試行事業による助成は50か所程度に留まった。これは認可外保育施設全体の1％にも満たない数である。つまり、一定の基準を満たす認可外保育施設を保育所の補完的役割として保育政策に位置づけるといってもそれは限定的なものに留まったとみることができる。

また、1989年、2000年および2001年の通知によって認可外保育施設に対する指導監督基準の強化が図られたが、これはあくまでも指導監督のための基準であり、その基準を満たしているからといって助成が行われるというものではなかった。つまり、一定の基準を満たしているからといって、積極的に保育所の補完的役割として位置づけて、助成を行うというものではなかったのである。

また、本章の2で述べたように、この指導監督基準を満たさないものに対する規制が徹底されなかったために、指導監督基準を満たさない認可外保育施設を経営する営利法人は、1980年代までと同様に保育政策における位置づけが曖昧なまま存在することになったのである。

第2は、児童福祉施設最低基準と認可外保育施設に対する基準という2つの基準が存在するというダブルスタンダードの問題である。1980年代は児童福祉施設最低基準を下回る基準を満たすものを制度的に認めるものではないとされていた。しかしながら、1990年代に入って駅型保育試行事業のように一定の基準を満たすものを保育所の補完的役割として保育政策に位置づけることによって、制度的にも児童福祉施設最低基準を下回る基準を満たすものを認めることになった。つまり、1980年代に提起されたダブルスタンダードの問題については、1990年代に入ってむしろ強化されたとみることができる。

このように認可外保育施設を経営する営利法人の位置づけについては基本的

には変化しておらず、認可外保育施設の位置づけの曖昧さ、ダブルスタンダードの問題といった1980年代までの問題点は依然として克服できたとは言い難い状況であった。

(2) 保育所制度の枠内への位置づけ

1990年代に入ると、多様化する保育ニーズに対応するために特別保育事業を新たに実施し、保育所機能を拡大していく方向で保育制度は推進された。また、1997年の児童福祉法改正では、保育所入所方式において措置制度から利用制度への転換が図られるなど、保育制度の大きな改正が行われた。

しかしながら、1990年代に入っても、1980年代同様、これらの政策を推進するにあたって営利法人を保育所経営へ参入させるという政策的な方針は示されず、営利法人は保育所経営を行うことができなかった。つまり、営利法人による保育サービスの提供はあくまでも保育所制度の枠外に位置づけられ、営利法人に対する政策は依然として営利法人による保育所の設置を認めないという参入規制という形で講じられていたのである。

このような営利法人に対する保育政策が変化するのは2000年になってからである。2000年3月に「保育所の設置認可等について」(児発第295号)が通知されたことにより、営利法人による保育所の設置を認めないという参入規制は撤廃され、法令上も保育所制度の枠内にも営利法人が位置づけられることになったのである。

6 小　括

本章では、ベビーホテル対策以後から2000年の保育所経営への営利法人の参入に至るまでの保育政策の展開を営利法人に焦点をあてて検討することで、この時期の営利法人による保育サービスの提供に対する保育政策および営利法人の位置づけについて、以下の点を明らかにした。

①ベビーホテル対策以後、認可外保育施設を経営する営利法人に対しては、認可外保育施設に対する規制が強化される一方で、認可外保育施設を肯定的に

第Ⅰ部　保育政策における営利法人の位置づけ

　　評価していくという新たな政策展開がみられるようになった
②認可外保育施設が保育所の補完的役割として保育政策に位置づけられていく過程で、営利法人が経営する認可外保育施設も保育所の補完的役割として保育政策に位置づけられていくようになった
③しかしながら、認可外保育施設の位置づけの曖昧さ、ダブルスタンダードの問題といった1980年代までの問題点は依然として克服できたとは言い難い状況であった
④2000年3月に「保育所の設置認可等について」（児発第295号）が通知されたことにより、営利法人による保育所の設置を認めないという参入規制は撤廃され、法令上も保育所制度の枠内にも営利法人が位置づけられることになった
⑤2000年の保育所経営への営利法人の参入は、社会福祉基礎構造改革や規制改革、少子化対策の推進を背景として進められた

注
1)　施設長による利用児童に対する傷害致死事件が発生した神奈川県大和市の「スマイルマム大和ルーム」に対しては、2000年に施設閉鎖命令が出された。この事件については垣内（2000）に詳しく説明されている。
2)　たとえば、保育の従事者の資格については、児童福祉施設最低基準では保母（現保育士）としているのに対して、指導基準ではおおむね3分の1以上が保母（現保育士）または看護婦（現看護師）の資格を有する者であることとしている。保育室の面積については、児童福祉施設最低基準では満2歳未満の乳幼児1人につき乳児室1.65m^{2}以上、ほふく室3.3m^{2}以上、満2歳以上の幼児1人につき保育室1.98m^{2}以上、屋外遊技場3.3m^{2}以上としているのに対して、指導基準ではおおむね乳幼児1人あたり1.65m^{2}以上であることと乳幼児を一括りとして扱っている。
3)　厚生労働省は、「認可外保育施設」とは、児童福祉法に基づく都道府県知事などの認可を受けていない保育施設のことで、このうち、①夜8時以降の保育、②宿泊を伴う保育、③一時預かりの子どもが利用児童の半数以上、のいずれかを常時運営している施設について「ベビーホテル」と定義している。
4)　「今後の保育所のあり方について」では、①仕事と子育ての両立を支援する機能の強化（保育所において乳児保育、延長保育、夜間保育、長時間保育等を一般機能として実施）、②柔軟な保育所運営のあり方（措置制度・補助制度の弊害指摘、外部委託や規制緩和等）、③民間育児サービスのあり方、④事業所内保育施設の振興などについて提言

第 3 章　営利法人に対する政策の変容

された。
5)　駅型保育施行事業に関しては資料が少なく、事業が実施された当時の要項は入手できなかった。ここでは、厚生労働省雇用均等・児童家庭局保育課に問い合わせて入手した「駅型保育施行事業の実施について」(雇児発第0502001号、2002年5月)の別紙として定められた「駅型保育施行事業実施要項」に基づいて記述している。
6)　「中間まとめ」では「多様なサービスの提供を確保するため、社会福祉事業についても、事業目的達成に支障を来さないよう十分配慮しつつ、個々の事業の性格等に応じ、経営主体の範囲に関する規制の在り方を見直す必要がある」と述べられている。
7)　委員からは「保育所については、設置者にいわゆる儲けを目的とした企業が参入するのは何としてでも避けたいと思うんです。(中略)企業の参加というのはやはり児童福祉にはなじまないと思っております」といった参入に否定的な意見や、「ただ単なる利潤の極大化を図るというだけじゃなくして、今の営利事業のなかには、一定の営利を持ちながらも事業実施の拡大というところに含められている最近の動きが出てきておりますので、私は一概に民間事業をいきなり営利事業、つまり利潤の拡大化を図るという古典的な営利事業の規定は私はやめたほうがよろしい」といった「営利法人＝利潤の極大化」とする見解に対する疑問を投げかける意見など幅広い意見が出された。
8)　委員からは「地域におけるサービスの需給状況を勘案する必要がある。勘案というのは、需要に対して供給側がいったいどういう供給の仕方をしているのかということも考えなければいけない。そうでなければ公正な議論にならないんじゃないかという気がするわけであります」、「仮に他の経営主体が入ってくるということをやむを得ずということがあったとしても、やはり私は地域特性というものを考えて、全国一律どこでも結構ですではなしに、こういうところならばやむを得ないとかいうことであった方がいいんじゃないかというふうに思うんです」といった意見が出された。
9)　児童家庭局企画課長は「仮に社会福祉法人以外の参入を認めた場合、これまでは社会福祉法人に限っていたことによって当然担保されております事業の公共性、純粋性、永続性、こういうことをどのように考えていくか、どういうような条件づけが必要かということであります」と発言している。また、企業が参入することによって具合の悪いことが起こりそうなことというのはどういうことを考えているのかという委員からの質問に対して、社会・援護局企画課長は「一般的によく議論されるときに、この民間参入論で注意すべき点といいますか、懸念される点は、やはり事業の継続性とか安定性といいますか、そういうことが心配されて、(中略)社会福祉法人が今、中心となってやるという仕組みも事業の安定性とか継続性、消滅しない法人制度であるということでございまして、民間企業が参入した場合に景気が悪くなったから撤退するということでは困りますので、他にも幾つか問題がございますが、そこが一番重要な点ではないかと考えております」と答えている。
10)　「規制改革委員会第2次見解」では、「児童の保育に係る福祉サービスへの民間企業の参入」の項目において「少子化問題解決のためには、保育所への入所待機児童数の動向と併せ、保育の潜在的ニーズにも配慮した保育サービスの量的拡大は必要であり、適切

73

第Ⅰ部　保育政策における営利法人の位置づけ

な保育サービスを提供する企業等の民間法人にも認可保育所への道を開くための所要の措置を講ずるべきである」、「これにより、保育サービスの多様化と質の向上を図り、利用者の需要に応じた魅力ある保育サービスの提供が可能になるものと考えられる」と提言している。

11)　エンゼルプランでは、少子化の背景となる要因のひとつとして、女性の職場進出と子育てと仕事の両立の難しさを挙げ、「わが国においては、女性の高学歴化、自己実現意欲の高まり等から女性の職場進出が進み、各年齢層において労働力率が上昇しており、将来においても引き続き伸びる見通しである。一方で、子育て支援体制が十分でないこと等から子育てと仕事の両立の難しさが存在していると考えられる」と述べている。

12)　民間の保育所に対する施設整備費等については、児童福祉法第56条の2に「都道府県及び市町村は、次の各号に該当する場合においては、第35条第4項の規定により、国、都道府県及び市町村以外の者が設置する児童福祉施設について、その新設（社会福祉法第31条第1項の規定により設立された社会福祉法人が設置する児童福祉施設の新設に限る。）、修理、改造、拡張又は整備に要する費用の4分の3以内を補助することができる」と規定されており、新設保育所に対する補助は社会福祉法人に限定されている。また、その他の補助についても「その児童福祉施設が、社会福祉法第31第1項の規定により設立された社会福祉法人、日本赤十字社又は公益社団法人若しくは公益財団法人の設置するものであること」と条件がつけられており、営利法人が設置した保育所に対しては補助されないことになっている。

13)　税制について、社会福祉法人は、法人税、都道府県民税、市町村民税、事業税が原則非課税（収益事業により生じた所得に限り課税）となっているほか、固定資産税は社会福祉事業の用に供する固定資産については非課税となっている。これに対して、営利法人は、法人税、都道府県民税、市町村民税、事業税および固定資産税についてすべて課税となっている（社会福祉法人経営研究会 2006：40）。

第4章

子ども・子育て関連三法が営利法人の参入に与える影響

1 本章の目的

　2000年3月に「保育所の設置認可等について」(児発第295号)が通知されたことによって、保育所制度の枠内にも営利法人が位置づけられることになった。しかし、第3章の4で述べたように保育所への営利法人の参入の影響は、単に営利法人による保育サービスの提供が保育所制度の枠内にも位置づけられることになったということに留まらない。規制改革委員会からは営利法人等の参入には依然として高い障壁が存在するとして、その後も営利法人等が参入しやすいようにするために、さらなる規制緩和が要請されることになった。

　具体的な規制緩和としては、短時間勤務保育士の導入、分園方式の導入、定員超過入所の容認、調理室必置規定の緩和などが図られてきた。さらに、2000年3月には「小規模保育所の設置認可等について」(児発第296号)、「不動産の貸与を受けて設置する保育所の認可について」(児発第297号)が通知され、小規模保育所の定員要件を30人から20人へ引き下げるなどの規制緩和が行われた。

　また、2011年5月に公布された「地域の自主性及び自立性を高めるための改革の推進を図るための関係法律の整備に関する法律」(地域主権改革一括法)により、児童福祉施設最低基準が改正され、「児童福祉施設の設備及び運営に関する基準」に名称が改められるとともに、従来は国が定めていた最低基準につ

いて都道府県等が条例により定めることになった。

これまで厳しく使途を制限されてきた保育所の運営費についても、2000年3月に「保育所運営費の経理等について」（児発第299号）、「保育所における社会福祉法人会計基準の適用について」（児保第13号）が通知され、保育所経理に関する規制緩和が行われた。

このように営利法人の参入を契機として規制緩和が推進されており、これを「民間参入に向けた地均し」（小室 2001：136）とみる指摘もある。しかしながら、序章の1で述べたように営利法人が設置した保育所は年々増加しているものの保育所数全体に占める割合は2012年4月1日現在で1.6％にすぎず、規制緩和によって営利法人の参入が推進されてきたとは言えない。

序章の1で述べたように、保育所への営利法人の参入が進んでいない要因としては、保育所の設置が認可制であること、報酬体系が事業者補助制度であることが考えられる。しかし、2012年8月に成立した子ども・子育て関連三法に基づく新制度によって、このような認可制や事業者補助制度が改められることになった。

そこで本章では、子ども・子育て関連三法が営利法人の参入にどのような影響を与えるのか、保育所経営への営利法人の参入が進む可能性があるのかについて検討する。

2　子ども・子育て関連三法の成立

2007年12月にとりまとめられた「『子どもと家族を応援する日本』重点戦略」を契機として、保育制度改革の検討が行われることになった。その後、表4-1に示したように、社会保障審議会少子化対策特別部会や子ども・子育て新システム検討会議などにおいて議論が重ねられた。

2012年2月には、子ども・子育て新システム検討会議基本制度ワーキングチームによって「子ども・子育て新システムに関する基本制度とりまとめ」が公表され、これを受けて2012年3月には少子化社会対策会議によって「子ども・子育て新システムに関する基本制度」が決定された。

表4-1　子ども・子育て関連三法の成立の経緯

2007.12	「『子どもと家族を応援する日本』重点戦略」を公表（「子どもと家族を応援する日本」重点戦略）
2008.5	「次世代育成支援のための新たな制度体系の設計に向けた基本的考え方」を公表（社会保障審議会少子化対策特別部会）
2009.2	「社会保障審議会少子化対策特別部会　第1次報告」を公表（社会保障審議会少子化対策特別部会）
2010.6	「子ども・子育て新システムの基本制度案要綱」を決定（少子化社会対策会議）
2011.7	「子ども・子育て新システムに関する中間とりまとめ」を公表（子ども・子育て新システム検討会議基本制度ワーキングチーム）
2012.2	「子ども・子育て新システムに関する基本制度とりまとめ」を公表（子ども・子育て新システム検討会議基本制度ワーキングチーム）
2012.3	「子ども・子育て新システムに関する基本制度」を決定（少子化社会対策会議）
	「子ども・子育て新システム法案骨子」を決定（少子化社会対策会議）
	「子ども・子育て支援法案」、「総合こども園法案」、「子ども・子育て支援法及び総合こども園法の施行に伴う関連法律の整備等に関する法律案」を国会に提出
2012.6	「社会保障・税一体改革に関する確認書」（自民党・公明党・民主党の3党の合意）
	「子ども・子育て支援法案」、「子ども・子育て支援法及び総合こども園法の施行に伴う関連法律の整備等に関する法律案」に対する議員修正案を国会に提出
	「就学前の子どもに関する教育、保育等の総合的な提供の推進に関する法律の一部を改正する法律案」（「総合こども園法案」に代わる新たな議員立法）を提出
2012.8	「子ども・子育て支援法」、「就学前の子どもに関する教育、保育等の総合的な提供の推進に関する法律の一部を改正する法律」、「子ども・子育て支援法及び就学前の子どもに関する教育、保育等の総合的な提供の推進に関する法律の一部を改正する法律の施行に伴う関係法律の整備等に関する法律」成立

出所）筆者作成。

これに基づいて、政府は「子ども・子育て支援法案」、「総合こども園法案」、「子ども・子育て支援法及び総合こども園法の施行に伴う関連法律の整備等に関する法律案」を税制抜本改革関連法案等とともに国会に提出し、2012年5月から衆議院において審議が開始された。

その後、2012年6月には自民党・公明党・民主党の3党の合意による「社会保障・税一体改革に関する確認書」を踏まえて、「総合こども園法案」に代えて新たな議員立法として「就学前の子どもに関する教育、保育等の総合的な提供の推進に関する法律の一部を改正する法律案」が提出された。

これらの法案は、衆議院および参議院での審議を経て、2012年8月に「子ども・子育て支援法」、「就学前の子どもに関する教育、保育等の総合的な提供の推進に関する法律の一部を改正する法律」、「子ども・子育て支援法及び就学前の子どもに関する教育、保育等の総合的な提供の推進に関する法律の一部を改正する法律の施行に伴う関係法律の整備等に関する法律」の3つの法律（以下「子ども・子育て関連三法」とする）が成立した。

この子ども・子育て関連三法に基づく新制度は、社会保障・税一体改革の一項目として消費税率の引き上げによる財源の一部を得て実施されるものであり、消費税率が10％に引き上げられる予定の2015年度に本格施行が予定されている。

3　子ども・子育て関連三法の内容

2012年8月に成立した子ども・子育て関連三法に基づく新制度（以下「新制度」とする）では、幼児期の学校教育・保育、地域の子ども・子育て支援を総合的に推進していくことになった。以下では、新制度の主な内容について整理する。

(1)　「施設型給付」および「地域型保育給付」の創設

新制度では、認定こども園、幼稚園、保育所に共通の給付である「施設型給付」が創設され、財政措置が一本化されることになった。それに加えて、「地

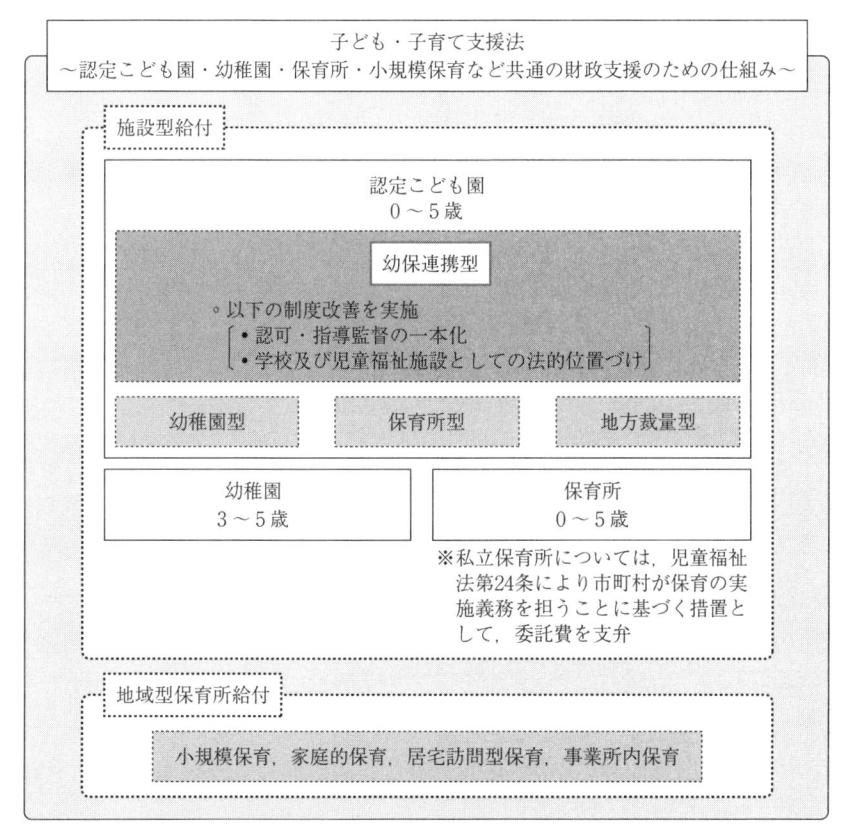

第4章　子ども・子育て関連三法が営利法人の参入に与える影響

```
┌─────────────────────────────────────────────────┐
│          子ども・子育て支援法                    │
│ ～認定こども園・幼稚園・保育所・小規模保育など   │
│         共通の財政支援のための仕組み～           │
│ ┌─────────────────────────────────────────────┐ │
│ │ 施設型給付                                  │ │
│ │ ┌─────────────────────────────────────────┐ │ │
│ │ │         認定こども園                    │ │ │
│ │ │           0～5歳                        │ │ │
│ │ │  ┌───────────────────────────────────┐  │ │ │
│ │ │  │        幼保連携型                 │  │ │ │
│ │ │  │ ○以下の制度改善を実施            │  │ │ │
│ │ │  │  ・認可・指導監督の一本化         │  │ │ │
│ │ │  │  ・学校及び児童福祉施設としての   │  │ │ │
│ │ │  │   法的位置づけ                    │  │ │ │
│ │ │  └───────────────────────────────────┘  │ │ │
│ │ │  ┌─────────┐ ┌─────────┐ ┌─────────┐   │ │ │
│ │ │  │ 幼稚園型│ │ 保育所型│ │地方裁量型│   │ │ │
│ │ │  └─────────┘ └─────────┘ └─────────┘   │ │ │
│ │ │  ┌───────────┐ ┌─────────────────────┐ │ │ │
│ │ │  │  幼稚園   │ │      保育所         │ │ │ │
│ │ │  │  3～5歳   │ │      0～5歳         │ │ │ │
│ │ │  └───────────┘ └─────────────────────┘ │ │ │
│ │ │         ※私立保育所については、児童福祉│ │ │
│ │ │         法第24条により市町村が保育の   │ │ │
│ │ │         実施義務を担うことに基づく措置 │ │ │
│ │ │         として、委託費を支弁           │ │ │
│ │ └─────────────────────────────────────────┘ │ │
│ │ 地域型保育所給付                            │ │
│ │ ┌─────────────────────────────────────────┐ │ │
│ │ │小規模保育, 家庭的保育, 居宅訪問型保育,  │ │ │
│ │ │           事業所内保育                  │ │ │
│ │ └─────────────────────────────────────────┘ │ │
│ └─────────────────────────────────────────────┘ │
└─────────────────────────────────────────────────┘
```

出所）内閣府・文部科学省・厚生労働省資料「子ども・子育て関連3法について」（2012年9月）

図4-1　子ども・子育て支援法による教育・保育給付の概要

域型保育給付」が新たに創設され、小規模保育や家庭的保育、居宅訪問型保育、事業所内保育の4つの事業についても財政支援の対象とすることになった（図4-1）。

(2) 認定こども園制度の改善

　就学前の子どもに関する教育、保育等の総合的な提供の推進に関する法律（以下「認定こども園法」とする）の改正によって、認定こども園の類型のひとつ

79

第Ⅰ部　保育政策における営利法人の位置づけ

認定こども園法の改正について

○ 認定こども園法の改正により「学校及び児童福祉施設法としての法的位置付けを持つ単一の施設」を創設（新たな「幼保連携型認定こども園」）
　• 既存の幼稚園及び保育所からの移行は義務づけず，政策的に促進
　• 設置主体は，国，自治体，学校法人，社会福祉法人のみ（株式会社等の参入は不可）
○ 財政措置は，既存3類型も含め，認定こども園，幼稚園，保育所を通じた共通の「施設型給付」で一本化→消費税を含む安定的な財源を確保

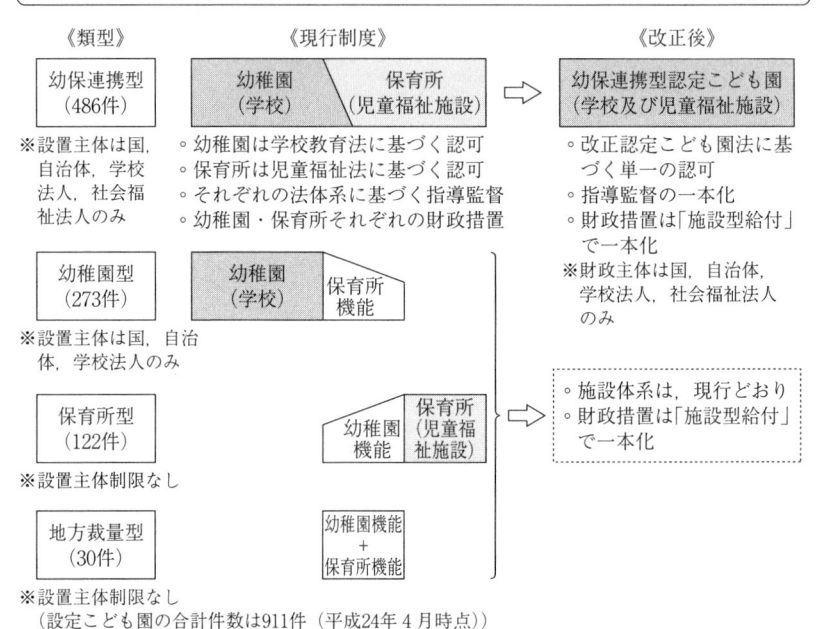

《類型》　　　　　　《現行制度》　　　　　　　　　《改正後》

幼保連携型
（486件）

幼稚園（学校） ／ 保育所（児童福祉施設） ⇒ 幼保連携型認定こども園（学校及び児童福祉施設）

※設置主体は国，自治体，学校法人，社会福祉法人のみ

・幼稚園は学校教育法に基づく認可
・保育所は児童福祉法に基づく認可
・それぞれの法体系に基づく指導監督
・幼稚園・保育所それぞれの財政措置

○ 改正認定こども園法に基づく単一の認可
○ 指導監督の一本化
○ 財政措置は「施設型給付」で一本化

※財政主体は国，自治体，学校法人，社会福祉法人のみ

幼稚園型
（273件）

幼稚園（学校）　保育所機能

※設置主体は国，自治体，学校法人のみ

保育所型
（122件）

幼稚園機能　保育所（児童福祉施設）

※設置主体制限なし

○ 施設体系は，現行どおり
○ 財政措置は「施設型給付」で一本化

地方裁量型
（30件）

幼稚園機能
＋
保育所機能

※設置主体制限なし
（設定こども園の合計件数は911件（平成24年4月時点））

出所）内閣府・文部科学省・厚生労働省資料「子ども・子育て関連3法について」（2012年9月）

図4-2　認定こども園の改正の概要

である「幼保連携型認定こども園」を、学校および児童福祉施設としての法的位置づけを持つ単一の施設とし、新たな「幼保連携型認定こども園」が創設された（図4-2）。これにより、二重行政の課題などを解消し、その設置の促進を図ることにしている。ただし、既存の幼稚園、保育所からの移行は義務づけられなかった。

第4章　子ども・子育て関連三法が営利法人の参入に与える影響

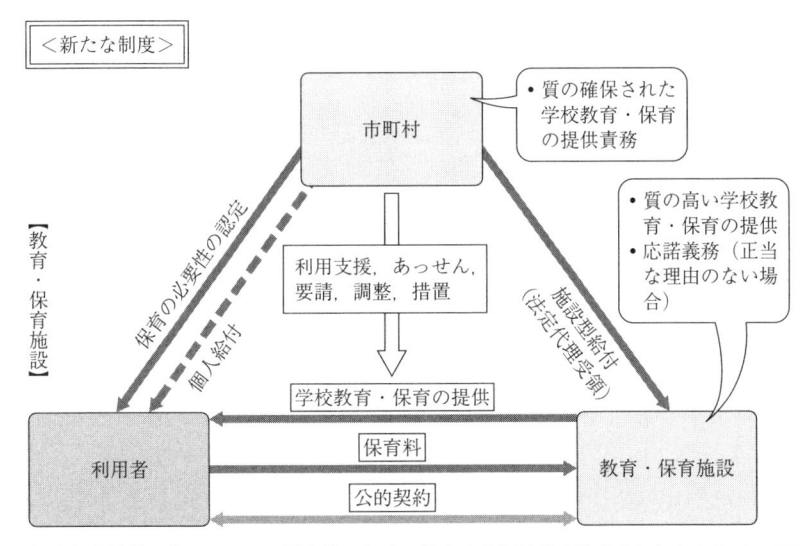

<新たな制度>

図中テキスト：
- 市町村
- 質の確保された学校教育・保育の提供責務
- 【教育・保育施設】
- 保育の必要性の認定
- 個人給付
- 利用支援，あっせん，要請，調整，措置
- 施設型給付（法定代理受領）
- 質の高い学校教育・保育の提供
- 応諾義務（正当な理由のない場合）
- 学校教育・保育の提供
- 利用者
- 保育料
- 公的契約
- 教育・保育施設

※児童福祉法第24条において，保育所における保育は市町村が実施することとされていることから，私立保育所における保育の費用については，施設型給付ではなく，現行制度と同様に，市町村が施設に対して，保育に要する費用を委託費として支払う。
　この場合の契約は，市町村と利用者の間の契約となり，利用児童の選考や保育料の徴収は市町村が行うこととなる。
※子ども・子育て支援給付に，多様な保育事業を行う事業者を対象とした地域型保育給付も含まれるが，上記の整理は，地域型保育給付にも共通するものである。

出所）内閣府・文部科学省・厚生労働省資料「子ども・子育て関連3法について」（2012年9月）

図4-3　子どものための教育・保育給付の利用手続き

(3) 子どものための教育・保育給付の利用手続き

　新制度では、まず市町村が子どものための教育・保育給付の支給認定および保育必要量の認定を行うことになった。子どものための教育・保育給付の対象は、①満3歳以上の小学校就学前子ども、②満3歳以上の小学校就学前子どもであって、保護者の労働または疾病等により家庭において必要な保育を受けることが困難であるもの、③満3歳未満の小学校就学前子どもであって、家庭において必要な保育を受けることが困難であるものとされ、「保育に欠ける」要件を満たさないものも対象となった。

　認定を受けた保護者は、市町村の関与のもと、自ら利用する施設・事業等を

選択して施設等と直接契約することになる（図4-3）。施設等には、正当な理由がある場合を除き、応諾義務が課される。また、補助については、認定の範囲内の利用に対して保護者に直接補助を支払う個人給付を基礎とするが、確実に学校教育・保育に要する費用に充てるため、法定代理受領の仕組みになっている。

ただし、保護者が私立保育所を利用する場合には、市町村と保護者が契約を行う形になり、補助についても私立保育所に市町村が委託費として支払う例外的な取り扱いとなる。

4　子ども・子育て関連三法における営利法人に対する政策

序章の1で述べたように、介護保険制度と現行の保育所制度の仕組みを比較すると、保育所経営への営利法人の参入が進んでいない要因としては、①設置認可に係る取り扱いの違い、②報酬体系の違いが考えられる。

以下では、新制度において、この2点がどのように変わり、営利法人にどのような影響を与えるかについて検討する。

なお、新制度においても認定こども園の設置主体について変更はない。幼保連携型認定こども園については、設置主体が国、地方自治体、学校法人、社会福祉法人に限定されており、営利法人は参入できないことになっている。[1]

(1) 新制度における設置認可に係る取り扱い

第1の設置認可に係る取り扱いについて、新制度においては、保育所の設置認可に係る取り扱いが表4-2に示したように改められ、当該地域で保育需要が充足されていない場合には、設置主体を問わず、審査基準に適合している者から保育所の設置に係る申請があった場合には、認可するものとされた。つまり、都道府県の方針如何にかかわらず、審査基準に適合している場合には営利法人であったとしても認可するものとされたのである。

2013年5月には、厚生労働省雇用均等・児童家庭局から「新制度を見据えた保育所の設置認可等について」（雇児発0515第12号）が通知され、「保育需要が充

表4-2　新制度における保育所の設置認可に係る取り扱い

第3　整備法関係
2　主な改正内容及び留意事項
（1）児童福祉法の一部改正関係
⑧保育所の認可について（第35条及び第39条関係）
ⅰ）都道府県知事は、保育所に関する認可の申請があったときは、児童福祉施設の設備及び運営についての条例で定める基準（保育所に係るものに限る。）に適合するかを審査するほか、保育所を行うために必要な経済的基礎があること等の基準（申請者が社会福祉法人又は学校法人でない場合に限る。）及び第35条第5項第4号に規定する欠格事由に該当しないこととする基準によって、その申請を審査しなければならないこととしたこと。（第35条第5項関係）
ⅱ）都道府県知事は、保育所の認可をしようとするときは、あらかじめ、児童福祉審議会の意見を聴かなければならないこととしたこと。（第35条第6項関係）
ⅲ）都道府県知事は、保育所の設置の認可をしようとするときは、あらかじめ、当該認可の申請に係る保育所が所在する市町村の長に協議しなければならないこととしたこと。（第35条第7項関係）
ⅳ）都道府県知事は、審査の結果、その申請が児童福祉施設の設備及び運営についての条例で定める基準に適合しており、かつ、その設置者が第35条第5項各号に掲げる基準（その者が社会福祉法人又は学校法人である場合にあっては、同項第4号に掲げる基準に限る。）に該当すると認めるときは、保育所の認可をするものとしたこと。（第35条第8項関係）
ⅴ）都道府県知事は、特定教育・保育施設の利用定員の総数が、都道府県子ども・子育て支援事業支援計画において定める必要利用定員総数に既に達している場合等は、保育所の認可をしないことができることとしたこと。（第35条第8項関係）
ⅵ）市町村は、保育所を廃止し、又は休止しようとするときは、その廃止又は休止の三月前までに、厚生労働省令で定める事項を都道府県知事に届け出なければならないこととしたこと。（第35条第11項関係）
ⅶ）保育所は利用定員が20人以上である施設であることを明確にしたこと。（第39条第1項関係）

出所）「子ども・子育て支援法、就学前の子どもに関する教育、保育等の総合的な提供の推進に関する法律の一部を改正する法律並びに子ども・子育て支援法及び就学前の子どもに関する教育、保育等の総合的な提供の推進に関する法律の一部を改正する法律の施行に伴う関係法律の整備等に関する法律の公布について」（2012年8月31日、府政共生第678号・24文科初第616号・雇児発0831第1号）より抜粋。

足されていない地域においては、新制度施行前の現時点においても、新制度施行後を見据え、積極的かつ公平・公正な認可制度の運用をしていただくようお願いする」とされた。つまり、新制度への移行を待たずに、審査基準に適合している場合には営利法人であったとしても認可するよう求めたのである。

これは、2013年4月に内閣府によって公表された「待機児童解消加速化プラン」で、国と地方自治体がともに全力を挙げて待機児童の解消に取り組むこととされ、保育受容が充足されていない地域においては、その解決のための積極的な対応を求められていることに伴う措置である。

さらに、規制改革会議は、「規制改革に関する答申〜経済再生への突破口〜」(2013年6月)のなかで、営利法人等の多様な経営主体の参入状況について、第三者にも的確な評価が行えるように調査を行い、公表するよう求めている。

このように新制度においては、保育所の設置認可に係る取り扱いが改められたことによって、これまで都道府県の裁量によって参入が進んでこなかった地域においても今後は保育所経営への営利法人の参入が進む可能性がある。

(2) 新制度における報酬体系

第2の報酬体系について、新制度においては、個人給付を基礎として施設型給付として一本化された。施設型給付は、利用者(保護者)に対する個人給付を基礎とし、確実に学校教育・保育に要する費用に充てるため、法定代理受領の仕組みが導入される。

これによって、介護保険制度と同様に、補助金の使途の制限が緩和され、株式会社への配当に充当することも認められるようになり、営利法人が参入するインセンティブが高まる可能性がある。

ただし、私立保育所については、児童福祉法第24条第1項により、保育所における保育を行うために、市町村と利用者(保護者)が契約し、私立保育所に対して委託費を支払うことになっている。委託費という形式になると、これまでと同じようにその使途は制限されるため、営利法人が参入するインセンティブはこれまで以上には高まらない。

(3) 新制度において保育所経営へ営利法人の参入が進むのか

　以上みてきたように、新制度では保育所の設置認可に係る取り扱いの変更によって営利法人の参入が進む可能性がある一方で、報酬体系の面では、私立保育所に関してはこれまでと同じように委託費が例外的に残ることになったため、営利法人が参入するインセンティブはこれまで以上には高まらない。

　したがって、総合的にみると、新制度において保育所経営への営利法人の参入が劇的に進む可能性は低く、待機児童が多い地域などに限定される可能性が高いと考えられる。

5　小　括

　本章では、子ども・子育て関連三法の成立の経緯、主な内容、営利法人の位置づけを検討することで、子ども・子育て関連三法が営利法人の参入に与える影響について、以下の点を明らかにした。

① 保育所の設置認可については、それに係る取り扱いが改められたことによって、これまで都道府県の裁量によって参入が進んでこなかった地域においても今後は保育所経営への営利法人の参入が進む可能性がある
② 報酬体系については、法定代理受領の仕組みが導入されたが、私立保育所に関してはこれまでと同じように委託費が例外的に残ることになったため、報酬体系の面からみると保育所経営への営利法人の参入のインセンティブはこれまで以上には高まらない可能性がある
③ 総合的にみると、新制度において保育所経営への営利法人の参入が劇的に進む可能性は低く、待機児童が多い地域などに限定される可能性が高い
④ 幼保連携型認定こども園については、設置主体が国、地方自治体、学校法人、社会福祉法人に限定されているため、営利法人の参入は進まない

　このように保育所経営への営利法人の参入は、子ども・子育て関連三法の成立によって劇的に進む可能性は低いが、待機児童の多い地域などにおいては進む可能性はある。

しかしながら、序章で述べたように保育所経営への営利法人の参入には批判的な意見があり、その是非については改めて検証していく必要がある。したがって、第Ⅱ部では、営利法人が経営する保育所の実態を実証的に分析することで、保育所経営への営利法人の参入の是非について、つまり今後も営利法人の参入を推進していくことに問題はないかについて検討していく。

注
1) ただし、以下の場合には、幼保連携型認定こども園の設置主体として宗教法人等のその他の法人および個人も認められることになっている。
・「就学前の子どもに関する教育、保育等の総合的な提供の推進に関する法律の一部を改正する法律」附則第3条により、旧幼保連携型認定こども園がみなし設置認可を受けた場合
・「就学前の子どもに関する教育、保育等の総合的な提供の推進に関する法律の一部を改正する法律」附則第4条の特例により、幼稚園を廃止して新幼保連携型認定こども園を設置する場合

第Ⅱ部

営利法人が提供する保育サービスの検証

保育所経営への営利法人の参入の是非や今後のあり方などについては、必ずしも営利法人が経営する保育所の実態や特徴を実証的に整理して主張されているとは言い難い面がある。
　そこで、第Ⅱ部では、保育所に対するアンケート調査の実施および分析を通して、営利法人と他の経営主体が提供する保育サービスの実態について比較検討を行い、営利法人が経営する保育所の特徴を明らかにする。そのうえで、今後の営利法人に対する保育政策の課題と展望について検討していく。
　第5章では、保育サービスの評価に関する具体的な取り組みや研究の動向について整理したうえで、保育サービスの評価を経営主体間で比較検討するために有効な実証的研究の方法について検討する。
　第6章では、本書で実施したアンケート調査のうち、保育所の事業の実施状況に関する調査結果を分析することによって、営利法人が経営する保育所と他の経営主体が経営する保育所の事業の実施状況について比較検討を行い、営利法人が経営する保育所の特徴について明らかにする。
　第7章では、本書で実施したアンケート調査の結果から、営利法人が経営する保育所と他の経営主体が経営する保育所が提供する保育サービスの構造評価について比較検討を行い、営利法人が経営する保育所が提供する保育サービスの特徴について明らかにする。
　第8章では、第Ⅰ部で考察した保育政策における営利法人の位置づけと、第6章および第7章で明らかにした営利法人が経営する保育所が提供する保育サービスの実態を踏まえて、今後の営利法人に対する保育政策の課題と展望について検討する。

第5章

保育サービスをどのように評価するか

1 本章の目的

　営利法人と他の経営主体が提供する保育サービスの実態について比較検討を行うためには、保育サービスをどのように評価するかの検討が必要となる。サービス評価には、何を評価の単位にするかによって、①臨床評価、②事業評価、③政策評価の3つに大きく分けられる（冷水 2005：57）。近年、制度化が進んでいる第三者評価事業は個別の施設・機関あるいはサービス事業者を単位として評価を行う事業評価であり、事業評価に対する社会的要請が高まってきている（冷水 2005：57）。

　以下では、保育サービスの評価を事業評価としてとらえて論を展開していく。保育サービスの評価を事業評価としてとらえるのは、事業評価に対する社会的要請が高まっていることに加えて、本書が保育サービスの評価を経営主体間で比較するために有効な実証的研究の方法について検討することを目的としているからである。

　そこで、本章では、まず保育サービスの評価を経営主体間で比較するために有効な実証的研究の方法について検討して、本書において用いる保育サービスの事業評価の方法について提示することを目的とする。

2 保育サービス評価の基本的枠組み

　福祉サービス評価の方法としては、保健医療分野においてドナベディアン (Donabedian, A.) が提唱した「構造」(structure)、「過程」(process)、「結果」(outcome) という3つの評価次元から実施するサービス評価がわが国の社会福祉分野においても定着している（神部 2007：153）[2]。

　第1の「構造」とは、サービス提供機関の構造や組織の環境を指す。具体的には、サービス提供機関の理念、機関の組織形態、機関の運営者の特性、ケアサービス提供者の職場環境、機関の人員配置、組織の運営状態などが含まれる（岡田 1999：34-35）。「投入資源」（input）も同様の意味で使用されることもあるが、「投入資源」という場合には実施前に投入される物的資源（建物、職員数など）のみを指し、サービス提供機関の理念や方針、運営体制を含まない概念とみるとらえ方もある。

　第2の「過程」とは、サービス提供を行う過程を指す。具体的には、サービス提供者と利用者の援助関係、サービス提供者の専門知識・技術、サービス内容の適切さなどが含まれる（Salzer et al.1997：295-296、岡田 1999：35）。

　第3の「結果」とは、サービス提供によって生じた利用者の望ましい変化を指す。具体的には、利用者の問題の軽減、身体的・心理的機能の改善、サービス満足度、行動の変化などが含まれる（Donabedian 1980：82-83、岡田 1999：36）。

　これら「構造」、「過程」、「結果」の3つの評価次元の関係について、サルツァーら（Salzer et al.1997：301）は「構造」と「過程」は「結果」と関連していると指摘している。つまり、「構造」と「過程」での評価が良好であれば、「結果」の評価も良好である可能性が高いということである（岡田 1999：36）。

　また、保育サービスの「構造」と「過程」の間に密接な関係性があることは、アメリカの先行研究によって実証されている。たとえば、受け持ち人数（大人と子どもの比率）が少ない保育者は、子どもにより敏感で応答的な対応をし、また子どもに対して厳しく対応したり、制限を加えたりすることが少なく

```
┌─────────────────────┐
│ 構造（structure）    │
│ サービス提供機関の構造や│
│ 組織の環境           │
└──────┬──────────────┘
       │          ╲
       ▼           ╲
┌─────────────────┐  ┌─────────────────────┐
│ 過程（process） │→ │ 結果（outcome）      │
│ サービス提供を  │  │ サービス提供によって生じた│
│ 行う過程        │  │ 利用者の変化         │
└─────────────────┘  └─────────────────────┘
```

出所）岡田（1999：36）をもとに筆者作成。

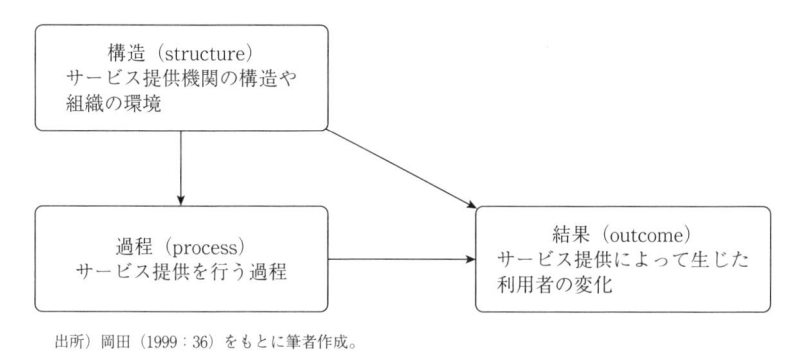

図5-1　サービス評価の3つの次元の関係

なるということが報告されている（Howes 1983）。また、グループサイズが小さいクラスの保育者はより子どもに対して応答的で、より社会的な刺激を促進するということが報告されている（Howes 1983）。

　保育者の専門的な教育・訓練に関しても、高いレベルの教育・訓練を受けた保育者はより社交的であり、発達に適した実践を行ったり、言語的な相互のかかわりに努めたりし、子どもに対して厳しく対応したりすることが少ないと報告されている（Arnett 1989、Berk 1985、Howes 1983）。

　さらに、アメリカの国立小児保健・人間発達研究所（The National Institute of Child Health and Human Development、以下「NICHD」とする）が実施した長期間にわたる大規模な実証研究は、保育の構造的特徴が保育のプロセス的特徴に影響し、保育のプロセス的特徴は子どもの知的、情緒社会的な発達に関連するという「構造→プロセス→発達的結果」の流れモデルを仮説化して、それを実証している（菅原 2009：62）。

　このように「構造」、「過程」、「結果」の3つの評価次元については密接な関係があり、図5-1に示したように、「構造」の評価が良好であれば「過程」や「結果」の評価も良好であり、「過程」の評価が良好であれば、「結果」の評価も良好である可能性が高いということである。

第Ⅱ部　営利法人が提供する保育サービスの検証

3　わが国における事業評価の取り組み

(1)　福祉サービス評価事業の動向

　わが国の社会福祉分野においては、1980年代後半から先駆的ないし実験的なサービス評価の取り組みが行われてきた[3]。しかしながら、社会福祉分野でサービス評価に対する社会的要請が高まり、具体的な施策が検討されていく契機となったのは、1997年の児童福祉法改正および介護保険法の成立、そして社会福祉基礎構造改革の議論であった。

　1997年の児童福祉法改正および社会福祉基礎構造改革の議論を受けて、1998年から厚生省（当時）の「福祉サービスの質に関する検討会」において議論が始まり、1999年3月には「福祉サービスの質の向上に関する基本方針」が公表された。

　2000年に施行された社会福祉法の第78条には「福祉サービスの質の向上のための措置等」が規定され、これを法的根拠とする第三者評価事業の実施の検討が開始された。さらに2001年3月には、福祉サービスの質に関する検討会（厚生労働省社会・援護局長の私的懇談会）が「福祉サービスにおける第三者評価に関する報告書」を、児童福祉施設等評価基準検討会（厚生労働省雇用均等・児童家庭局の下に設置）が「児童福祉施設における福祉サービスの第三者評価等に関する報告書」を公表した。

　その後さらに検討が重ねられ、2004年5月に厚生労働省より「福祉サービスにおける第三者評価事業に関する指針について」、さらに同年8月には「福祉サービス第三者評価基準ガイドラインにおける各評価項目の判断基準について」が通知された。本通知では、全国共通の評価項目による実施を目指して第三者評価の推進体制・実施方法、共通評価項目ガイドラインなどが示された。

　保育サービスの第三者評価については、2005年5月に「福祉サービス第三者評価基準ガイドライン（保育所版）」が示された。さらに、2008年の保育所保育指針の改定およびその推進に向けて出された「保育所における質の向上のためのアクションプログラム」を受けて、2011年3月に「福祉サービス第三者評価

基準ガイドライン（保育所版）」の改正が行われた。

　このように保育サービスの第三者評価事業は制度化され推進されているが、第三者評価事業による評価を受けることは義務づけられておらず、また受けた場合もその結果を公開することは義務づけられていない。2009年度の保育所における第三者評価の受審率は3.75％であり、非常に低い状況にある（丸山2011：21）。この原因としては、評価を受診するための費用や事務的な負担、さらに評価されることに対する現場の抵抗感などが考えられる。

　また、渡部（2005：21）は、第三者評価の重要なポイントとして3点を指摘している。第1は、評価尺度作成にあたり理論やエビデンスを用いて、意味のある評価尺度を作成することである。第2は、評価されることが目的になるのではなく、評価が組織やそこで仕事する人びとの業務向上の機会となることである。第3は、評価者の質の確保で、評価調査者に優れた聞き取り力と関連事項に関する知識があることである。

　第三者評価の取り組みは始まってから日が浅く課題が多いが、保育サービスの質の向上のためにもこのような課題に積極的に取り組み、第三者評価の実施および公開が義務づけられることが期待される。

(2) 保育サービスの自己評価に関する取り組みの動向

　保育サービス分野では、1994年度厚生科学研究によって保育内容を含めたチェックリストの研究、作成が初めて行われ、1995年に『「保育内容等の自己評価」のためのチェックリスト園長（所長）篇』が刊行された。その翌年には『「保育内容等の自己評価」のためのチェックリスト保母篇』が刊行され、保育所における保育の質の向上に向けた自主的な取り組みの契機となった。

　2004年には第三者評価事業の実施を受けて、保育所の第三者評価チェックリストに対応した『保育士のための自己評価チェックリスト』が刊行された。また、2008年に出された「保育所における質の向上のためのアクションプログラム」において保育所の自己評価の推進と評価の充実について明記されたことを受けて、2009年3月に厚生労働省は関係者による協議等を踏まえて「保育所における自己評価ガイドライン」（以下「自己評価ガイドライン」とする）を作成し

た。

さらに、2011年には「福祉サービス第三者評価基準ガイドライン（保育所版）」の改正通知を受けて、より現場で活用しやすいよう保育現場で理解しやすい文言に修正するとともに、「自己評価ガイドライン」の自己評価の観点に沿って提案された『保育の評価のすすめ～福祉サービス第三者評価基準ガイドライン（保育所版）の更新を踏まえて』が刊行されている。

このような保育所の自己評価を行い、さらにその結果を公表していくことによって、①保育の改善のための課題や方策の明確化、②子どもの保育と保護者支援を担う専門性の向上、③保育所のアカウンタビリティの向上といったことが期待されている[4]。

4　わが国における事業評価研究の動向

わが国において保育サービスに関する事業評価研究は多くはない。表5-1には、先行研究から保育サービスの事業評価の指標を整理した。以下では、保育サービスの事業評価の指標としてどのような項目が考えられているのか、あるいは測定をめぐる方法論としてどのようなものが提案されているのかについて検討していく。

白石・鈴木（2003）は、厚生労働省が作成した第三者評価基準の試案を参考にして、保育所が提供しているサービスを、①子どもの発達援助（対子ども）、②子育て支援（対保護者）、③地域の住民や関係機関等との連携（対地域）、④経営主体としての健全性・運営管理の4つのカテゴリーに分類し、計39の調査項目を設定して調査を行い、公立保育所、私立保育所、認可外保育施設の保育サービスの質の比較している。

清水谷・野口（2004、2005）は、「点数評価アプローチ」、「労働者の質アプローチ」、「利用者の選好・要望アプローチ」という3つの方法を用いて、公立保育所、私立保育所、認可外保育施設の保育サービスの質の比較している。

「点数評価アプローチ」では、①構造指標、②発達心理学指標、③父母の利便性、④その他のサービスの4つのカテゴリーに分類し、計40のサービスの質

表5-1　保育サービスの事業評価の指標

白石・鈴木（2003）	1．子どもの発達援助：対子ども（10項目） 2．子育て支援：対保護者（13項目） 3．地域の住民や関係機関等との連携：対地域（6項目） 4．経営主体としての健全性・運営管理（10項目）
清水谷・野口（2004、2005）	1．点数評価アプローチ 　・構造指標（10項目） 　・発達心理学的指標（15項目） 　・父母の利便性（10項目） 　・その他のサービス（5項目） 2．労働者の質アプローチ 3．利用者の選好・要望アプローチ
社会経済生産性本部（2002）	1．定量的に測定可能な指標 　・園児1人あたりの利用面積 　・園児1人あたりの有形固定資産 　・保育士1人あたりの園児数（園児年齢別） 2．定性的・感覚的な指標 　・利用者重要度満足度（6項目） 　・保育所サービスに対する評価（5項目）
保育環境評価スケール （Harms＝2008）	1．空間と家具（8項目） 2．個人的な日常ケア（6項目） 3．言語―推理（4項目） 4．活動（10項目） 5．相互関係（5項目） 6．保育計画（4項目） 7．保護者と保育者（6項目）

出所）筆者作成。

の評価項目を設定して調査を行っている。分析では、40項目全体を合計した「総得点」と4つのカテゴリーごとに分類した「小得点」の2つに分けてサービスの優劣を評価している。

「労働者の質アプローチ」では、サービスの質の評価対象を労働者の特性（常用雇用者比率や保育士1人あたりの児童数など）に限定したうえで、経営主体別のサービスの優劣を評価している。

「利用者の選好・要望アプローチ」では、現在受けているサービス、あるい

は今後提供してほしいと思っているサービスについて、利用者から直接データを収集し、サービスの優劣を評価している。

社会経済生産性本部（2002）は、保育所全体のコストと保育サービスの質について公立保育所と私立保育所、認可外保育施設で比較している。保育サービスの質の指標としては、人数や物量等で定量的に測定可能な指標と、受益者の満足度など定性的・感覚的なものを数値化した指標が使用されている。

第1の定量的に測定可能な指標としては、園児1人あたりの利用面積や有形固定資産、保育士1人あたりの園児数（園児年齢別）が挙げられている。第2の定性的・感覚的な指標としては、園児の保護者にアンケート調査を行い、①保護者が保育所に何をどの程度期待し、またそれに対する満足の度合いはどれくらいか（利用者重要度満足度）[5]、②保育所の提供するサービスや信頼性などを保護者がどう評価しているか（保育所サービスに対する評価）[6] という2つの視点から項目を設定して評価している。

埋橋（2008a）は、「保育環境評価スケール（EARLY CHILDHOOD ENVIROMENT RATEIG SCALE）」（以下「ECERS」とする）の事業評価への導入を示唆している。ECERSは、「アメリカでテルマ・ハームス博士、リチャード・クリフォード博士らによって開発された、保育の過程的質を測定する尺度（ものさし）」（埋橋 2008b：30）であり、トレーニングされた評価者が、①空間と家具、②個人的な日常ケア、③言語—推理、④活動、⑤相互関係、⑥保育計画、⑦保護者と保育者の7つのカテゴリーに分類された43項目について1点（不適切）から7点（とてもよい）の7段階で評価していく[7]。

埋橋（2008a：228）によると、ECERSの使用には3つのレベルがあると考えられている。第1段階は初歩的な自己評価で、自分の気づきや養成課程でのトレーニングツールとして利用する。第2段階は組織的な自己評価で、自園の保育の質の改善に向けて具体的に何を行えばよいか、共通理解を持つために利用する。第3段階は、政策改善を求めるための調査・研究活動のツールとしての利用である。つまり、多数のトレーニングされた評価者がECERSを用いて評価することで各保育所の保育サービスの質を比較するために利用するのである。アメリカでは、この第3段階の目的で使用されることで保育現場に広まっ

ていき、イギリスではこのスケールに加えて英国版を作り、それらの使用によって質の高い保育の重要性を示し、就学前教育の機会の拡大に政策的根拠を与えている（埋橋2008a：228）。

5　保育サービスに関する事業評価研究の課題

(1)　構造評価を中心とした事業評価研究の課題

　保育サービスの評価に関しては、後述するように過程評価や結果評価は時間や経費等の面において難しい面があるため、より簡易な方法として保育サービスの過程や結果との密接な関係性が実証されている項目を評価する構造評価が使われる。

　構造評価は、受け持ち人数（大人と子どもの比率）、グループサイズといった比較的客観的な指標が使用されるため評価者によって回答のばらつきが生じにくいため、郵送調査等により短期間である程度のサンプル数を集めることが可能であり、また経費を抑えることができるからである。

　ただし、近年海外においてはECERS等の指標を用いた過程評価が盛んに行われている状況に鑑みると、清水谷・野口（2004、2005）や社会経済生産性本部（2002）などの先行研究においても行われているような構造評価と過程評価を組み合わせた実証的な研究の枠組みを検討していくことが求められる。

(2)　過程評価を中心とした事業評価研究の課題

　過程評価に関しては自己評価による取り組みが推進されている。自己評価は事業者が自らの実践を振り返り、そこから必要な改善点を見出してサービスの質の向上につなげていくことを主たる目的としている。しかし、あくまでも自己評価であり、同じ保育内容を行っている場合でも、まだ改善が必要とみるか、十分行われているとみるかは評価者の感覚によって異なる可能性がある。つまり、サービスの質の向上に積極的に取り組んでいる事業者であるほど厳しく自己評価を行うことが考えられる。これらのことを勘案すると、自己評価による過程評価によって保育サービスの評価の高低を経営主体間で比較するのは

難しい。

　過程評価を客観的に行う方法としては、本章の3で述べたように保育サービス分野においても第三者評価事業が制度化されている。しかしながら、前述したように保育所については第三者評価事業による評価を受けることが義務づけられておらず、また受けた場合もその結果を公開することは義務づけられていない。したがって、現時点では第三者評価事業の結果に基づく過程評価を比較検討することはできない。

　過程評価に関しては、ECERSやSICS[8]といった海外で開発された評価指標が近年わが国においても紹介され、それらを活用して保育サービスの過程を評価しようとする試みが行われてきている。前述したような埋橋が提唱しているECERSを使用した方法は有意義な方法であると考えられる。ただし、この方法によって保育サービスの評価の高低を経営主体間で比較するためには、ある程度のサンプル数が必要となり、時間、経費等の面において課題がある。

　まずECERSの研修を受けた評価者が必要であり、その養成から始める必要がある。また、全国レベルで大規模な事業評価の比較検討を行うためには評価者の交通費や人件費などの多くの経費がかかり、ある程度のサンプル数を集めるために時間もかかることになる。さらに、わが国においてはECERS自体がまだ評価尺度として浸透しているとは言えず、研究の協力を得るためにも保育現場の支持を得て浸透させていくことも必要となる。

　このようにECERSを使用して過程評価を比較検討するためには一定規模の研究プロジェクトを立ち上げる必要がある。結果評価のプロジェクトのように10年以上という長期間にわたる研究というわけではないが、このようなプロジェクトの研究をわが国においてどのように実施していくかが課題である。

(3) 結果評価を中心とした事業評価研究の課題

　保育サービスの結果評価としては利用者満足度を測定するという方法があり、社会経済生産性本部（2002）や清水谷・野口（2004、2005）の研究において用いられている。サービス事業者が利用者本位を保障し、利用者の満足と生活の質の向上につながる良質なサービスの提供を追求していくためには、利用者

がサービスに対してどれだけ満足しているかという視点から、定期的に評価を実施することが必要である（神部 2007：2）。

しかしながら、保育サービスの利用者には、子どもとその保護者という二者が存在し、その両者の利害が必ずしも一致するとは限らない。つまり、保護者が満足しているからといって子どもにとってよい保育が提供されているとは限らないのである。このため欧米の保育サービスの質の研究においては、保護者の満足度だけで保育サービスの質を評価することはほとんどなされていない（大宮 2006：66）。

また、利用者満足度は利用者の主観的な評価であるため、同じ内容の保育を行っている場合でも満足しているかどうかは利用者の感覚によって異なってくる。つまり、利用者のサービスに対する期待度が高ければ保育サービスの質が高くても満足度は低くなる場合があり、逆に期待度が低ければ保育サービスの質が低くても満足度は高くなる場合がある。したがって、利用者満足度によって保育サービスの質の高低を経営主体間で比較するのは難しいと考えられる。

保育サービスの結果評価としては、利用者満足度以外にも子どもの成長・発達を測定するという方法があり、アメリカのNICHDの研究によって用いられている。子どもの成長・発達を測定するには長期的な視点が必要であり、また子どもの発達・成長は保育サービスだけでなく、家庭環境等の影響も大きいため、それらの影響も考慮した研究が求められる。このような研究を行うには膨大な時間と費用が必要となるため、NICHDが実施したような10年以上という長期間にわたる大規模な研究プロジェクトを立ち上げる必要がある[9]。

6　本書で用いる保育サービスの事業評価の方法

本章では、保育サービスの評価を経営主体間で比較する際に有効な実証的研究の方法について検討する基礎的な作業として、保育サービスを含む福祉サービス評価の基本的枠組みについて整理したうえで、保育サービスの評価を事業評価としてとらえて、保育サービスに関する事業評価研究の課題について論じてきた。

第Ⅱ部　営利法人が提供する保育サービスの検証

　本章の4で述べたようにわが国において保育サービスに関する事業評価の研究は少ない。わずかながら行われている先行研究（白石・鈴木 2003、清水谷・野口 2004、2005、社会経済生産性本部 2002）では、公立保育所、私立保育所、認可外保育施設を対象として保育サービスに関する事業評価の比較検討を行っているが、営利法人は認可外保育施設として議論されている。

　しかし、本書は、このような認可外保育施設を経営する営利法人を対象としているのではなく、あくまでも現行の保育所制度の枠内において営利法人と他の経営主体が提供する保育サービスについて比較検討を行うことを目的としている。したがって、本書において実施する調査では、児童福祉法に基づいて認可されている保育所を対象とする。本書の特徴は、このように先行研究では実施されていない営利法人が経営する保育所を対象として調査を実施することにある。

　営利法人が経営する保育所と他の経営主体が経営する保育所が提供する保育サービスの評価について実証的に比較する事業評価の方法には構造評価、過程評価、結果評価があり、本章の5ではそれぞれの課題について考察した。過程評価、結果評価を用いて保育サービスの評価を経営主体間で比較するためには大規模なプロジェクトを立ち上げる必要がある。時間的、経費的な制約などを勘案すると、本書のような個人レベルの研究ではこのような大規模のプロジェクトを立ち上げて実施するのは困難である。したがって、本書では、比較的容易に実施できる構造評価によって保育サービスの評価を経営主体間で比較することにする。

注
1) 臨床評価は、臨床レベルで行われる個人や集団の単位での評価である。わが国において従来から行われてきた保育サービスの評価は臨床評価が中心であった。保育者の資質や保育の質の向上を目指して、観察、エピソード記録、事例研究、研究保育などを通して個々の保育実践の検討が数多く行われてきている。秋田ら（2008）は、臨床評価を中心にわが国の保育の質研究の動向を整理している。政策評価は、自治体などの政策を単位とした評価である。介護保険サービスの政策評価については近年著しく進展してきており、特色ある総合的な評価研究も実施されている。平岡（2005）は、介護保険サービスに関する評価研究の動向を検討している。そこでは、特色を持った総合的な評価研究

第 5 章　保育サービスをどのように評価するか

　　の展開を紹介したうえで、①サービス供給体制再編の経過と結果に関する研究、②介護保険サービスのアウトカムや費用対効果に関する研究、③サービス評価の制度化に対応した研究開発、④サービス開発とサービス供給体制再編に結びつく研究にタイプ分けして検討している。保育サービス分野でも清水谷・野口（2004）が保育サービスの供給効率性を評価する研究を行っているが、保育サービスの政策評価は必ずしも多くない。
2)　近年は、これら 3 つの評価次元に「効率」（effectiveness）を加えることもある。「効率」（effectiveness）とは「投入資源に対する結果・効果の関係」（冷水 2005：57）である。とくにコストと効果との関係でとらえるもので、「結果評価が、広義の投入資源と比較して効率的であったかを検討する」（山田 2002：117-118）ものである。
3)　1989年の全国社会福祉施設経営協会が発表した「社会福祉施設運営指針」が、評価そのものではないものの、措置制度の下での福祉施設サービスの質の確保のための指針を示したという点で端緒となり、その後、1993年に特別養護老人ホーム・老人保健施設サービス評価事業、1996年からは在宅福祉サービス評価事業が実験的な国の補助事業として開始されている（冷水 2005：55-56）。
4)　「自己評価ガイドライン」には、以下のように述べられている。
　　・施設長のリーダーシップの下、組織的・継続的に実践を評価し検証することにより保育の改善のための課題や方策が明確になります。
　　・保育所が自己評価の結果や改善に向けて取り組む過程などを保護者や地域住民等に伝えることにより、保育所の施設運営の透明性を高め、保護者等からの信頼を得ることが期待されます。
　　・保育所の自己評価を通して、保育所の保育実践を見直しながら、子どもの保育と保護者支援を担う専門性を高めていくことが重要です。
5)　利用者重要度満足度は、まず通園時間、預かり時間、施設／設備の充実度、職員配置の充実度、公立保育所であること、保育方針の各評価項目について利用者が 5 段階評価をしたうえで、持ち点を100点とし、各評価項目に重要度に応じて点数を配分している。各評価項目についてこの配分点数に満足度を掛けたものを利用者重要度満足度と呼んでいる。
6)　保育所サービスに対する評価は、クラス保育に対する評価、園児からみた保育士に対する評価（人気）、保護者の立場からみた保育士の資質評価、保育時間中の園児の様子についての報告内容に対する評価、保育時間中の信頼度の各評価項目について利用者が 5 段階評価をしている。
7)　「保育環境評価スケール」は、1980年に『幼児版』が発行され、その後『家庭的保育版』『乳児版』『学童保育版』と続き、シリーズとなっている（埋橋 2008b：30）。わが国では、埋橋の翻訳によって『保育環境評価スケール①幼児版（改訳版）』、『保育環境評価スケール②乳児版（改訳版）』が出版されている。
8)　SICS（A Process-oriented Self-evaluation Instrument for Care Settings）は、ベルギーの Laevers 教授（Lueven 大学）らが開発した、子どもの経験から保育の質を検証しようとした自己評価ツールである（門田 2011：95-96）。

101

第Ⅱ部　営利法人が提供する保育サービスの検証

9) NICHDでは、子育て、とくに保育と子どもの発達との関係を明らかにするため、全米から1,300人ほどの新生児を選んで、1991年から追跡調査を始めている（菅原 2009：2）。

第6章

営利法人が経営する保育所の事業実施状況に関する比較分析

1 本章の目的

　本書では、保育所の事業の実施状況および保育サービスの構造評価について経営主体間で比較検討を行うことで、営利法人が経営する保育所の特徴について明らかにすることを目的としてアンケート調査を実施した。
　本章では、そのうち保育所の事業の実施状況に関する調査結果を分析することによって、営利法人が経営する保育所と市区町村が経営する保育所（以下「公営保育所」とする）および社会福祉法人が経営する保育所の事業の実施状況に関して比較検討を行い、営利法人が経営する保育所の特徴について明らかにすることを目的とする。

2 調査の概要

(1) 調査の対象と方法

　本調査は、『平成19年度　社会福祉施設等名簿』（厚生労働省大臣官房統計情報部社会統計課編）において、経営主体に「営利」（営利法人）と記載されているすべての保育所（157か所）、および「市区町村」、「社福」（社会福祉法人）と記載されている保育所から営利法人の分布に合わせて層化無作為二段抽出法を用いて抽出した保育所（各157か所）を対象として実施した。

調査方法は、郵送調査法とし、2012年12月〜2013年1月の期間に調査票を郵送で送付し、郵送により回収した。回収された有効標本数は100、回収率は21.2％であった。経営主体別の内訳は、「市区町村」が30（回収率19.1％）、「社福」が43（回収率27.4％）、「営利」が27（回収率17.2％）であった。

(2) 調査項目の設定

保育所の事業の実施状況に関する項目として、①受け入れ状況、②保育時間、③実施事業、④保育者の構成、⑤保育室等、⑥第三者評価の受審の6つのカテゴリーを設定し、表6-1に示したように各カテゴリーの下位項目の設定を行った。

(3) 分析方法

営利法人が経営する保育所と公営保育所および社会福祉法人が経営する保育所の事業の実施状況について比較検討を行うために、分析には以下の2つの方法を用いた。

第1に、経営主体間で各項目の平均値に差があるかどうかを確認するために一元配置分散分析を行った。具体的には、経営主体を独立変数とし、「定員」、「定員充足率」、「3歳未満児の割合」、「1人あたりの保育室面積」、「1人あたりの野外遊戯場面積」の各項目を従属変数として一元配置分散分析を行った。分散分析後の多重比較にはTukey法を用いた。

第2に、各項目において経営主体間で差があるかどうかを確認するためにカイ二乗検定を行った。具体的には、経営主体を独立変数とし、「年齢別受け入れ状況」、「開所時刻」、「閉所時刻」、「開設時間」、「特別保育事業の実施」、「他事業の運営状況」、「他事業の内容」、「野外遊戯場の有無」、「第三者評価の受審」の各項目を従属変数としてカイ二乗検定を行った。ただし、「他事業の運営状況」の分析に際しては、市区町村は、公営の施設、事業が多岐に及ぶことから分析から除いた。

調査結果の分析には、統計ソフトIBM SPSS Statisitics19を用いた。

第6章　営利法人が経営する保育所の事業実施状況に関する比較分析

表6-1　調査項目

受け入れ状況	定員、定員充足率、年齢別受け入れ状況、3歳未満児の割合
保育時間	開所時刻、閉所時刻、開設時間
実施事業	特別保育事業の実施、他事業の運営状況、他事業の内容
保育者の構成	常勤保育者の比率
保育室等	1人あたりの保育室面積、野外遊戯場の有無、1人あたりの野外遊戯場面積
第三者評価の受審	第三者評価の受審

出所）筆者作成。

(4) 倫理的配慮

　本調査の倫理的配慮として、記入内容については統計的に処理し保育所名が特定されないようにすること、調査結果を調査の目的以外に使用しないこと、さらに調査に関する問い合わせ先について調査票に明記し、回答をもって承諾を得たものとした[1]。

3　調査の結果

(1) 受け入れ状況
1) 定　員

　定員については、経営主体間に統計的有意差が認められた（F（2、97）＝3.77, p＜.01）。Tukey法を用いた多重比較を行ったところ、「市区町村」と「社会福祉法人」、および「市区町村」と「営利法人」の間にそれぞれ有意差があり、営利法人（76.6人）は、市区町村（96.9人）、社会福祉法人（96.1人）と比較して定員が少ないことが示された（表6-2）。

2) 定員充足率

　定員充足率については、経営主体間に統計的有意差が認められた（F（2、97）＝13.98, p＜.01）。Tukey法を用いた多重比較を行ったところ、「市区町村」と「営利法人」、および「社会福祉法人」と「営利法人」の間にそれぞれ有意差があり、市区町村（95.3％）は、社会福祉法人（110.1％）、営利法人

第Ⅱ部　営利法人が提供する保育サービスの検証

表6-2　受け入れ状況

		1.市区町村	2.社会福祉法人	3.営利法人	F値	多重比較
定員（人）	平均値 (S.D.)	96.9 (29.84)	96.1 (30.41)	76.6 (36.80)	3.77**	1＞3 2＞3
定員充足率（%）	平均値 (S.D.)	95.3 (15.66)	110.1 (9.53)	107.1 (10.99)	13.98**	1＜2 1＜3
3歳未満児の割合（%）	平均値 (S.D.)	38.5 (11.92)	42.7 (14.64)	51.4 (18.95)	5.20**	1＜3

**p＜.01

（107.1%）と比較して定員充足率が低いことが示された（表6-2）。

3）3歳未満児の割合

在所児童数に占める3歳未満児の割合については、経営主体間に統計的有意差が認められた（F（2、88）＝5.20、p＜.01）。Tukey法を用いた多重比較を行ったところ、「市区町村」と「営利法人」の間に有意差があり、営利法人（51.4%）は、市区町村（38.5%）と比較して3歳未満児の割合が高いことが示された（表6-2）。

4）年齢別受け入れ状況

年齢別受け入れ状況については、どの年齢においても経営主体間に統計的有意差が認められなかった（表6-3～表6-8）。

表6-3　0歳児の受け入れ状況

	受け入れなし	受け入れあり	計	p値
市町村	5 16.7%	25 83.3%	30 100.0%	n.s.
社会福祉法人	2 4.7%	41 95.3%	43 100.0%	
営利法人	1 3.7%	26 96.3%	27 100.0%	
全体	8 8.0%	92 92.0%	100 100.0%	

n.s.p＞.05

第 6 章　営利法人が経営する保育所の事業実施状況に関する比較分析

表6-4　1歳児の受け入れ状況

	受け入れなし	受け入れあり	計	p値
市町村	0 0.0%	30 100.0%	30 100.0%	
社会福祉法人	0 0.0%	43 100.0%	43 100.0%	n.s.
営利法人	0 0.0%	27 100.0%	27 100.0%	
全体	0 0.0%	100 100.0%	100 100.0%	

n.s. p > .05

表6-5　2歳児の受け入れ状況

	受け入れなし	受け入れあり	計	p値
市町村	0 0.0%	30 100.0%	30 100.0%	
社会福祉法人	0 0.0%	43 100.0%	43 100.0%	n.s.
営利法人	0 0.0%	27 100.0%	27 100.0%	
全体	0 0.0%	100 100.0%	100 100.0%	

n.s. p > .05

表6-6　3歳児の受け入れ状況

	受け入れなし	受け入れあり	計	p値
市町村	0 0.0%	30 100.0%	30 100.0%	
社会福祉法人	2 4.7%	41 95.3%	43 100.0%	n.s.
営利法人	3 11.1%	24 88.9%	27 100.0%	
全体	5 5.0%	95 95.0%	100 100.0%	

n.s. p > .05

第Ⅱ部　営利法人が提供する保育サービスの検証

表6-7　4歳児の受け入れ状況

	受け入れなし	受け入れあり	計	p値
市町村	0 0.0%	30 100.0%	30 100.0%	n.s.
社会福祉法人	2 4.7%	41 95.3%	43 100.0%	
営利法人	4 14.8%	23 85.2%	27 100.0%	
全体	6 6.0%	94 94.0%	100 100.0%	

n.s. $p > .05$

表6-8　5歳児の受け入れ状況

	受け入れなし	受け入れあり	計	p値
市町村	0 0.0%	30 100.0%	30 100.0%	n.s.
社会福祉法人	2 4.7%	41 95.3%	43 100.0%	
営利法人	4 14.8%	23 85.2%	27 100.0%	
全体	6 6.0%	94 94.0%	100 100.0%	

n.s. $p > .05$

(2)　保育時間

1) 開所時刻

開所時刻については、1％の有意水準で経営主体間に統計的有意差が認められ、「7：00以前」では、市区町村（30.0％）は、社会福祉法人（69.8％）、営利法人（50.0％）と比較して割合が低いことが示された（表6-9）。

2) 閉所時刻

閉所時刻については、1％の有意水準で経営主体間に統計的有意差が認められ、「19：01以降」では、営利法人（80.8％）は、市区町村（30.0％）、社会福祉法人（51.2％）と比較して割合が高いことが示された（表6-10）。

第6章 営利法人が経営する保育所の事業実施状況に関する比較分析

表6-9 開所時刻

	7:00以前	7:01以降	計	p値
市区町村	9 30.0%	21 70.0%	30 100.0%	
社会福祉法人	30 69.8%	13 30.2%	43 100.0%	＊＊
営利法人	13 50.0%	13 50.0%	26 100.0%	
全体	52 52.5%	47 47.5%	99 100.0%	

＊＊p＜.01

表6-10 閉所時刻

	19:00以前	19:01以降	計	p値
市区町村	21 70.0%	9 30.0%	30 100.0%	
社会福祉法人	21 48.8%	22 51.2%	43 100.0%	＊＊
営利法人	5 19.2%	21 80.8%	26 100.0%	
全体	47 47.5%	52 52.5%	99 100.0%	

＊＊p＜.01

表6-11 開設時間

	12時間以下	12時間超える	計	p値
市区町村	27 90.0%	3 10.0%	30 100.0%	
社会福祉法人	23 53.5%	20 46.5%	43 100.0%	＊＊
営利法人	13 50.0%	13 50.0%	26 100.0%	
全体	63 63.6%	36 36.4%	99 100.0%	

＊＊p＜.01

第Ⅱ部　営利法人が提供する保育サービスの検証

3) 開設時間

開設時間については、1％の有意水準で経営主体間に統計的有意差が認められ、「12時間を超える」では、市区町村（10.0%）は、社会福祉法人（46.5%）、営利法人（50.0%）と比較して割合が低いことが示された（表6-11）。

(3) 実施事業

1) 特別保育事業の実施

特別保育事業の実施（表6-12～表6-16）についてみると、「障害児保育」以外の項目では全体的に実施している割合が低く、経営主体間に統計的有意差は

表6-12　休日保育事業の実施

	実施している	実施していない	計	p値
市町村	2 6.7%	28 93.3%	30 100.0%	n.s.
社会福祉法人	5 11.9%	37 88.1%	42 100.0%	
営利法人	4 15.4%	22 84.6%	26 100.0%	
全体	11 11.2%	87 88.8%	98 100.0%	

n.s.p > .05

表6-13　夜間保育の実施

	実施している	実施していない	計	p値
市町村	1 3.3%	29 96.7%	30 100.0%	n.s.
社会福祉法人	0 0.0%	42 100.0%	42 100.0%	
営利法人	0 0.0%	26 100.0%	26 100.0%	
全体	1 1.0%	97 99.0%	98 100.0%	

n.s.p > .05

第6章 営利法人が経営する保育所の事業実施状況に関する比較分析

表6-14 障害児保育の実施

	実施している	実施していない	計	p値
市町村	28 93.3%	2 6.7%	30 100.0%	
社会福祉法人	33 76.7%	10 23.3%	43 100.0%	*
営利法人	16 64.0%	9 36.0%	25 100.0%	
全体	77 78.6%	21 21.4%	98 100.0%	

*p＜.05

表6-15 病児保育の実施

	実施している	実施していない	計	p値
市町村	0 0.0%	30 100.0%	30 100.0%	
社会福祉法人	0 0.0%	42 100.0%	42 100.0%	n.s.
営利法人	0 0.0%	26 100.0%	26 100.0%	
全体	0 0.0%	98 100.0%	98 100.0%	

n.s.p＞.05

表6-16 病後児保育の実施

	実施している	実施していない	計	p値
市町村	3 10.3%	26 89.7%	29 100.0%	
社会福祉法人	3 7.1%	39 92.9%	42 100.0%	n.s.
営利法人	1 3.8%	25 96.2%	26 100.0%	
全体	7 7.2%	90 92.8%	97 100.0%	

n.s.p＞.05

第Ⅱ部　営利法人が提供する保育サービスの検証

表6-17　他事業の運営状況

	他の事業も運営している	他の事業は運営していない	計	p値
社会福祉法人	26 60.5%	17 39.5%	43 100.0%	
営利法人	21 77.8%	6 22.2%	27 100.0%	n.s.
全体	47 67.1%	23 32.9%	70 100.0%	

n.s. p > .05

認められなかった。

「障害児保育」については、5％の有意水準で経営主体間に統計的有意差が認められ、営利法人（64.0％）は、市区町村（93.3％）、社会福祉法人（76.7％）よりも実施している割合が低いことが示された（表6-14）。

2) 他事業の運営状況

他事業の運営状況（表6-17）をみると、社会福祉法人（60.5％）と営利法人（77.8％）で、経営主体間に統計的有意差が認められなかった。

他事業の内容（表6-18〜表6-21）についてみると、営利法人は、「認可保育所」が70.0％、「認可外保育サービス」が68.4％、「学童保育」が47.4％、「その他」が52.4％と他事業の内容は多岐にわたっているが[2]、「認可外保育サービス」以外は経営主体間に統計的有意差が認められなかった。

「認可外保育サービス」については、5％の有意水準で経営主体間に統計的有意差が認められ、営利法人（68.4％）は、社会福祉法人（0.0％）よりも実施している割合が高いことが示された（表6-19）。

第6章　営利法人が経営する保育所の事業実施状況に関する比較分析

表6-18　認可保育所の運営

	運営している	運営していない	計	p値
社会福祉法人	22 81.5%	5 18.5%	27 100.0%	n.s.
営利法人	14 70.0%	6 30.0%	20 100.0%	
全体	36 76.6%	11 23.4%	47 100.0%	

n.s.p ＞ .05

表6-19　認可外保育サービスの運営

	運営している	運営していない	計	p値
社会福祉法人	0 0.0%	27 100.0%	27 100.0%	*
営利法人	13 68.4%	6 31.6%	19 100.0%	
全体	13 28.3%	33 71.7%	46 100.0%	

*p ＜ .05

表6-20　学童保育の運営

	運営している	運営していない	計	p値
社会福祉法人	6 22.2%	21 77.8%	27 100.0%	n.s.
営利法人	9 47.4%	10 52.6%	19 100.0%	
全体	15 32.6%	31 67.4%	46 100.0%	

n.s.p ＞ .05

表6-21　その他の事業の運営

	運営している	運営していない	計	p値
社会福祉法人	11 40.7%	16 59.3%	27 100.0%	n.s.
営利法人	11 52.4%	10 47.6%	21 100.0%	
全体	22 45.8%	26 54.2%	48 100.0%	

n.s.p ＞ .05

表6-22 常勤保育者の比率（%）

		1.市区町村	2.社会福祉法人	3.営利法人	F値	多重比較
常勤保育者の比率	平均値 (S.D.)	66.7 (18.45)	65.3 (13.95)	67.2 (16.68)	0.13	

(4) 保育者の構成

全保育者に対する常勤保育者の比率については、いずれも60%台後半で、経営主体間に統計的有意差が認められなかった（表6-22）。

(5) 保育室等

1) 1人あたりの保育室面積

1人あたりの保育室面積については、経営主体間に統計的有意差が認められた（$F(2、79)=7.08$、$p<.01$）。Tukey法を用いた多重比較を行ったところ、「市区町村」と「社会福祉法人」、および「市区町村」と「営利法人」の間にそれぞれ有意差があり、市区町村（$7.36m^2$）は、社会福祉法人（$4.48m^2$）、営利法人（$4.89m^2$）と比較して1人あたりの保育室面積が広いことが示された（表6-23）。

2) 1人あたりの野外遊戯場面積

1人あたりの野外遊戯場面積については、経営主体間に統計的有意差が認められた（$F(2、63)=4.93$、$p<.01$）。Tukey法を用いた多重比較を行ったところ、「市区町村」と「社会福祉法人」の間に有意差があり、市区町村（$18.87m^2$）は、社会福祉法人（$6.45m^2$）と比較して1人あたりの野外遊戯場面積が広いことが示された（表6-23）。

3) 野外遊戯場の有無

野外遊戯場の有無については、1%の有意水準で経営主体間に統計的有意差が認められ、営利法人（63.0%）は、市区町村（96.4%）、社会福祉法人（95.1%）と比較して野外遊戯場が「ある」の割合が低いことが示された（表6-24）。

第6章 営利法人が経営する保育所の事業実施状況に関する比較分析

表6-23 保育室および野外遊戯場の面積 (m²)

		1.市区町村	2.社会福祉法人	3.営利法人	F値	多重比較
1人あたりの保育室面積	平均値 (S.D.)	7.36 (4.29)	4.48 (2.44)	4.89 (2.01)	7.08**	1＞2 1＞3
1人あたりの野外遊戯場面積	平均値 (S.D.)	18.87 (20.76)	6.45 (4.53)	11.41 (16.36)	4.93**	1＞2

**p＜.01

表6-24 野外遊戯場の有無

	ある	ない	計	p値
市区町村	27 96.4%	1 3.6%	28 100.0%	**
社会福祉法人	39 95.1%	2 4.9%	41 100.0%	
営利法人	17 63.0%	10 37.0%	27 100.0%	
全体	83 86.5%	13 13.5%	96 100.0%	

**p＜.01

表6-25 第三者評価の受審

	受けたことがある	受けたことがない	計	p値
市区町村	10 43.5%	13 56.5%	23 100.0%	n.s.
社会福祉法人	24 57.1%	18 42.9%	42 100.0%	
営利法人	13 48.1%	14 51.9%	27 100.0%	
全体	47 51.1%	45 48.9%	92 100.0%	

n.s.p＞.05

(6) 第三者評価の受審

第三者評価を「受けたことがある」のは、市区町村では43.5%、社会福祉法人では57.1%、営利法人では48.1%で、経営主体間に統計的有意差が認められなかった（表6-25）。

4 調査結果の考察

以上の調査結果を考察すると、営利法人が経営する保育所の特徴として以下の5点が明らかになった。

(1) 定員規模は小さいが、定員充足率は高い

調査結果から営利法人が経営する保育所は、定員規模が小さいことが明らかになった。一般的には定員規模が大きいほうが経営は安定すると言われるが、営利法人は必ずしもスケールメリットを活かした経営が行われているとは言えないことがわかる。これは、新規に参入する場合、とりわけ都市部においては保育所を設置するための広大な土地を確保するのが難しいということが関係していると考えられる。

一方、定員充足率をみると、営利法人は100%を超えており、定員充足率が高いことが明らかになった。ただし、社会福祉法人も定員充足率が100%を超えていることから、定員充足率が高いのは営利法人の特徴というよりも、社会福祉法人と営利法人を含む私営保育所の特徴と言える。

これは、私営保育所のほうが経営状況の安定のために積極的に子どもを受け入れていること、また後述するように私営保育所は開設時間が長いため子どもを預けやすいことなどが関係していると考えられる。

(2) 3歳未満児、長時間のニーズに対応

調査結果から営利法人が経営する保育所は、在所児童数に占める3歳未満児の割合が高いことが明らかになった。保育所待機児童の約8割が3歳未満児となっており、[3] 近年3歳未満児の保育ニーズが高まっている。営利法人は、この

ような3歳未満児の受け入れを積極的に行っていることがうかがえる。

また、保育時間の結果をみると、開設時間については、営利法人は社会福祉法人と大きな差はないが、公営保育所と比較すると圧倒的に「12時間を超える」の割合が高くなっている。また、閉所時刻については、営利法人は8割以上が「19：01以降」であり、公営保育所、社会福祉法人と比較して割合が高くなっている。

この結果からは、公営保育所では長時間保育のニーズに対応できておらず、社会福祉法人と営利法人を含む私営保育所が対応していることがわかる。とりわけ、19時を超える保育のニーズについては営利法人が積極的に対応していることがうかがえる。

一方で、調査結果から営利法人では障害児保育を実施している保育所が約6割で、公営保育所や社会福祉法人と比較して割合が低くなっている。この結果からは、営利法人が経営する保育所は他の経営主体と比較して障害児保育に積極的に対応できていないことがうかがえる。

(3) 他の事業を運営している割合が高く、事業内容も多岐にわたる

調査結果から営利法人の8割弱の保育所は他の事業を運営しており、その事業内容をみると、約7割が認可保育所や認可外保育サービスを運営しており、5割弱が学童保育を運営していることが明らかになった。つまり、営利法人はひとつの保育所の定員規模は小さいが、他の事業を運営している割合が高く、事業の多角的な経営を行っていることがうかがえる。

この要因としては2つのことが考えられる。ひとつは、営利法人が経営する保育所は一施設あたりの定員規模が小さいということを補うために、他の事業を多角的に行うことで経営の安定化を図ろうとしているということである。もうひとつは、もともと多角的な事業を行っていた営利法人が保育所の経営へ参入してきたということである。

(4) 常勤保育者の比率は経営主体間で大きな差はない

調査結果から常勤保育者の比率については、経営主体間で大きな差がないこ

とが明らかになった。常勤保育者の比率は、いずれの経営主体も60％台後半で保育者の非常勤化や短時間勤務保育者の導入を図っていることがうかがえる。つまり、営利法人が経営する保育所のみが利益追求のために保育者の非常勤化等を進めているわけではなく、保育所経営においては経営主体に関係なく全体的に保育者の非常勤化等が進んでいるということである。

(5) 子ども1人あたりの保育室面積は狭く、野外遊戯場がない保育所が多い

　調査結果から子ども1人あたりの保育室面積については、社会福祉法人と営利法人を含む私営保育所は公営保育所と比較して狭いことが明らかになった。定員充足率をみると、社会福祉法人、営利法人はいずれも定員の約1割多く受け入れており、そのことが社会福祉法人と営利法人を含む私営保育所において子ども1人あたりの保育室面積が狭いことにつながっていると考えられる。

　また、調査結果から営利法人で野外遊戯場があるのは約6割で、公営保育所や社会福祉法人の9割以上に野外遊戯場があるのと比較して、営利法人では野外遊戯場がない保育所が多くなっている。これは、定員規模と同様に、新規に参入する場合、とりわけ都市部においては保育所を設置するための広大な土地を確保するのが難しいということが関係していると考えられる。

注
1) 調査実施に際して、同志社大学の倫理審査室に「人を対象とする研究計画等審査申請書」を提出したが、本調査は「人を対象とする研究」には該当しない研究で審査対象にならないとの通知があった。
2) 他事業の内容で「認可保育所」というのは、複数の保育所を運営しているということである。
3) 2013年3月の厚生労働省雇用均等・児童家庭局保育課の発表によると、2012年4月現在の待機児童数は2万4,825人で、そのうち3歳未満児は2万207人で全体の81.4％となっている。

第7章

営利法人が提供する保育サービスの構造評価による比較分析

1　本章の目的

　本章では、営利法人が経営する保育所と公営保育所および社会福祉法人が経営する保育所が提供する保育サービスの構造評価について比較検討を行い、営利法人が経営する保育所が提供する保育サービスの特徴を明らかにすることを目的とする。

2　調査の概要

(1)　調査の対象と方法
　調査の対象と方法については、第6章で記述した内容と同じである。

(2)　調査項目の設定
　児童福祉法第39条に「保育所は、日日保護者の委託を受けて、保育に欠けるその乳児又は幼児を保育することを目的とする施設とする」と規定されているように、保育所が提供する保育サービスの中核となるのは、子どもに対する保育の提供である。
　一方、児童福祉法第48条の3には「保育所は、当該保育所が主として利用される地域の住民に対してその行う保育に関し情報の提供を行い、並びにその行

第Ⅱ部　営利法人が提供する保育サービスの検証

う保育に支障がない限りにおいて、乳児、幼児等の保育に関する相談に応じ、及び助言を行うよう努めなければならない」と規定されている。また、保育所保育指針第1章の総則には「保育所は、入所する子どもを保育するとともに、家庭や地域の様々な社会資源との連携を図りながら、入所する子どもの保護者に対する支援及び地域の子育て家庭に対する支援等を行う役割を担うものである」と規定されており、保育所は子どもに対する保育に加えて、入所する子どもの保護者に対する支援および地域の子育て家庭に対する支援の役割を担うことが求められていることがわかる。

つまり、保育所が提供する保育サービスは、子どもに対する保育の提供に限定されるものではなく、子どもの保育、保護者支援、地域子育て支援の3つを含んでいる。さらに、保育所保育指針では、これらのサービスを提供するに際しては、関係機関や要保護児童対策地域協議会との連携が求められている。そこで、本調査の調査項目のカテゴリーとして、「子どもの保育」、「保護者支援」、「地域子育て支援」、「関係機関との連携」の4つのカテゴリーを設定した。

第5章で検討したように、保育サービスに関する事業評価には、構造評価、過程評価、結果評価の3つがあるが、本書では、時間的、経費的な制約を考慮して構造評価によって保育サービスを経営主体間で比較検討することにした。保育サービスの構造評価に関する調査項目については、上記の4つのカテゴリーについて、以下のように下位項目の設定を行った。

1) 子どもの保育（保育条件）

子どもの保育については、前述したように「構造」と「過程」の間に密接な関係性があることは、アメリカの先行研究によって実証されている。したがって、子どもの保育については、先行研究により過程評価との関連が実証されている保育条件の項目を参考にして設定した。具体的には、グループの子どもの人数（1クラスあたりの子どもの人数）、大人と子どもの比率（保育者1人あたりの子どもの人数）、保育者の経験（保育者の年齢、経験年数、離職率）、保育に関する専門的訓練・研修（保育士資格保持者の割合、職員研修の実施）を調査項目として設定した。

2) 保護者支援

　保護者支援について、保育所保育指針の第6章には「保護者に対し、保育所における子どもの様子や日々の保育の意図などを説明し、保護者との相互理解を図るよう努めること」と規定されている。その具体的な方法として「保育理念・保育の基本方針の配布」、「園だより等の配布」、「連絡帳による情報交換」、「保護者懇談会の実施」、「保護者会の組織化」「保護者の保育参加の機会」の6項目を設定した。さらに、社会福祉法において「社会福祉事業の経営者は、常に、その提供する福祉サービスについて、利用者等からの苦情の適切な解決に努めなければならない」（第82条）とされていることから、「苦情解決のための取り組み」も項目として設定した。

3) 地域子育て支援

　地域子育て支援について、保育所保育指針の第6章では、地域における子育ての拠点としての機能および一時保育といった地域の保護者等に対する子育て支援を積極的に行うよう努めることと規定されている。そこで、その具体的な事業として「地域子育て支援拠点事業」、「園庭開放」、「保育室開放」、「子育て相談」、「子育てサークルの支援」、「一時預かり」の6項目を設定した。

4) 関係機関との連携

　関係機関との連携については、「児童相談所」、「市町村の関係部署」、「保健所・保健センター」、「医療機関」、「認可保育所」、「認可外保育施設」、「幼稚園」、「小学校」、「社会福祉協議会」、「民生委員・児童委員」、「自治会」および「要保護児童対策地域協議会への参画」の12項目を設定した。

(3) 分析方法

　営利法人が経営する保育所と公営保育所および社会福祉法人が経営する保育所が提供する保育サービスの構造評価について比較検討を行うために、分析には以下の2つの方法を用いた。

　第1に、経営主体間で各項目の平均値に差があるかどうかを確認するために一元配置分散分析を行った。具体的には、経営主体を独立変数とし、子どもの保育の各項目（職員研修の実施除く）を従属変数として一元配置分散分析を行っ

た。分散分析後の多重比較には Tukey 法を用いた。

第2に、各項目において経営主体間で差があるかどうかを確認するためにカイ二乗検定を行った。具体的には、経営主体を独立変数とし、職員研修の実施、保護者支援の各項目、地域子育て支援の各項目、関係機関との連携の各項目を従属変数としてカイ二乗検定を行った。

調査結果の分析には、統計ソフト IBM SPSS Statisitics19 を用いた。

(4) 倫理的配慮

倫理的配慮については、第6章で記述した内容と同じである。

3　調査の結果

(1) 子どもの保育（保育条件）

1) 1クラスあたりの子どもの人数

1クラスあたりの子どもの人数については、どの年齢においても経営主体間に統計的有意差が認められなかった（表7-1）。

2) 保育者1人あたりの子どもの人数

保育者1人あたりの子どもの人数については、「2歳児」で経営主体間に統計的有意差が認められた（$F(2, 84) = 4.90$、$p < .05$）。Tukey 法を用いた多重比較を行ったところ、「市区町村」と「営利法人」の間に有意差があり、営利法人（4.9人）は、市区町村（5.7人）と比較して保育者1人あたりの子どもの人数が少ないことが示された（表7-2）。

しかし、その他の年齢では、経営主体間に統計的有意差が認められず、全体的には経営主体間に保育者1人あたりの子どもの人数の差はないことが示された。

3) 保育者の経験

①保育者の年齢

常勤保育者に占める各年代の割合の平均（表7-3）をみると、「20歳代」で経営主体間に統計的有意差が認められた（$F(2, 93) = 24.87$、$p < .05$）。

第7章　営利法人が提供する保育サービスの構造評価による比較分析

表7-1　1クラスあたりの子どもの人数（人）

		1.市区町村	2.社会福祉法人	3.営利法人	F値	多重比較
0歳児	平均値 (S.D.)	8.0 (4.60)	9.6 (4.57)	9.1 (4.19)	0.86	
1歳児	平均値 (S.D.)	14.3 (4.93)	16.1 (5.48)	13.9 (5.29)	1.64	
2歳児	平均値 (S.D.)	16.6 (6.26)	17.7 (5.32)	15.7 (6.28)	0.94	
3歳児	平均値 (S.D.)	20.3 (7.58)	21.0 (6.51)	18.9 (7.60)	0.54	
4歳児	平均値 (S.D.)	22.2 (4.50)	22.0 (6.74)	20.2 (6.99)	0.47	
5歳児	平均値 (S.D.)	19.9 (5.96)	21.5 (6.71)	17.3 (6.64)	2.08	

表7-2　保育者1人あたりの子どもの人数（人）

		1.市区町村	2.社会福祉法人	3.営利法人	F値	多重比較
0歳児	平均値 (S.D.)	2.7 (.38)	2.7 (.38)	2.4 (.54)	3.03	
1歳児	平均値 (S.D.)	4.5 (.95)	4.2 (.82)	4.0 (.95)	1.50	
2歳児	平均値 (S.D.)	5.7 (1.02)	5.2 (.89)	4.9 (.91)	4.90*	1＞3
3歳児	平均値 (S.D.)	11.9 (3.96)	10.9 (3.64)	10.9 (2.92)	0.64	
4歳児	平均値 (S.D.)	15.8 (6.53)	15.2 (5.02)	15.2 (4.92)	0.10	
5歳児	平均値 (S.D.)	15.1 (5.34)	14.3 (5.14)	13.6 (3.96)	0.38	

*p＜.05

Tukey法を用いた多重比較を行ったところ、「市区町村」と「社会福祉法人」、および「市区町村」と「営利法人」の間にそれぞれ有意差があり、市区町村（18.1％）は、社会福祉法人（44.6％）、営利法人（50.9％）と比較して割合

第Ⅱ部　営利法人が提供する保育サービスの検証

表7-3　保育者の年齢（%）

		1.市区町村	2.社会福祉法人	3.営利法人	F値	多重比較
20歳代	平均値 (S.D.)	18.1 (11.61)	44.6 (20.51)	50.9 (22.01)	24.87*	1＜2 1＜3
30歳代	平均値 (S.D.)	24.6 (16.89)	25.6 (15.33)	24.4 (16.79)	0.05	
40歳代	平均値 (S.D.)	27.6 (13.67)	13.1 (9.06)	11.4 (8.89)	20.88*	1＞2 1＞3
50歳代	平均値 (S.D.)	27.8 (15.69)	11.2 (10.61)	11.7 (9.71)	18.33*	1＞2 1＞3
60歳代以上	平均値 (S.D.)	0.8 (3.32)	2.8 (6.36)	1.6 (3.54)	1.39	

*p＜.05

が低いことが示された。

　また、「40歳代」でも経営主体間に統計的有意差が認められた（F（2、93）＝20.88、p＜.05）。Tukey法を用いた多重比較を行ったところ、「市区町村」と「社会福祉法人」、および「市区町村」と「営利法人」の間にそれぞれ有意差があり、市区町村（27.6%）は、社会福祉法人（13.1%）、営利法人（11.4%）と比較して割合が高いことが示された。

　さらに、「50歳代」でも経営主体間に統計的有意差が認められた（F（2、93）＝18.33、p＜.05）。Tukey法を用いた多重比較を行ったところ、「市区町村」と「社会福祉法人」、および「市区町村」と「営利法人」の間にそれぞれ有意差があり、市区町村（27.8%）は、社会福祉法人（11.2%）、営利法人（11.7%）と比較して割合が高いことが示された。

　その他の「30歳代」、「60歳代以上」については経営主体間に統計的有意差は認められなかった。

②保育者の経験年数

　常勤保育者に占める各経験年数の割合の平均（表7-4）をみると、「3年以上5年未満」で経営主体間に統計的有意差が認められた（F（2、97）＝7.21、p＜.05）。Tukey法を用いた多重比較を行ったところ、「市区町村」と「社会福

第7章 営利法人が提供する保育サービスの構造評価による比較分析

表7-4 保育者の経験年数（％）

		1.市区町村	2.社会福祉法人	3.営利法人	F値	多重比較
1年未満	平均値 (S.D.)	7.0 (10.20)	9.9 (12.53)	13.4 (13.71)	1.98	
1年以上 3年未満	平均値 (S.D.)	13.0 (16.31)	19.8 (20.12)	23.1 (16.46)	2.32	
3年以上 5年未満	平均値 (S.D.)	8.5 (9.75)	20.3 (16.23)	18.9 (13.05)	7.21*	1＜2 1＜3
5年以上 10年未満	平均値 (S.D.)	16.2 (14.82)	25.6 (20.80)	26.1 (18.97)	2.75	
10年以上	平均値 (S.D.)	54.9 (27.20)	24.1 (22.68)	19.3 (22.82)	19.44*	1＞2 1＞3

*$p < .05$

祉法人」、および「市区町村」と「営利法人」の間にそれぞれ有意差があり、市区町村（8.5％）は、社会福祉法人（20.3％）、営利法人（18.9％）と比較して保育者全体に占める割合が低いことが示された。

　また、「10年以上」でも経営主体間に統計的有意差が認められた（F（2、97）＝19.44、$p < .05$）。Tukey法を用いた多重比較を行ったところ、「市区町村」と「社会福祉法人」、および「市区町村」と「営利法人」の間にそれぞれ有意差があり、市区町村（54.9％）は、社会福祉法人（24.1％）、営利法人（19.3％）と比較して保育者全体に占める割合が高いことが示された。

　その他の「1年未満」、「1年以上3年未満」、「5年以上10年未満」については経営主体間に統計的有意差は認められなかった。

③離職率

　離職率については、経営主体間に統計的有意差が認められた（F（2、88）＝1.17、$p < .05$）。Tukey法を用いた多重比較を行ったところ、「市区町村」と「社会福祉法人」、および「市区町村」と「営利法人」の間にそれぞれ有意差があり、市区町村（4.3％）は、社会福祉法人（11.4％）、営利法人（13.4％）と比較して離職率が低いことが示された（表7-5）。なお、「離職率」は、各年度の常勤保育者数に占める退職者数の割合とし、過去3年間の平均を算出した。

第Ⅱ部　営利法人が提供する保育サービスの検証

表7-5　離職率（％）

		1.市区町村	2.社会福祉法人	3.営利法人	F値	多重比較
離職率	平均値 (S.D.)	4.3 (5.60)	11.4 (9.18)	13.4 (2.84)	1.17*	1＜2 1＜3

*$p < .05$

表7-6　保育士有資格者の割合

		1.市区町村	2.社会福祉法人	3.営利法人	F値	多重比較
保育士 有資格者	平均値 (S.D.)	98.3 (7.35)	96.8 (6.95)	97.0 (6.53)	0.38	

4）保育に関する専門的訓練・研修

①保育士有資格者の割合

　常勤保育者の保育士有資格者の割合の平均はいずれも95％を超えており、経営主体間に統計的有意差は認められなかった（表7-6）。

②職員研修の実施

　職員研修の実施（表7-7～表7-11）についてみると、「職員同士の勉強会」で5％の有意水準で経営主体間に統計的有意差が認められ、市区町村（100.0％）は、社会福祉法人（86.0％）、営利法人（74.1％）と比較して実施している割合が高いことが示された。

　また、「外部から講師等を招いての勉強会等」でも5％の有意水準で経営主体間に統計的有意差が認められ、市区町村（93.3％）は、社会福祉法人（74.4％）、営利法人（55.6％）と比較して実施している割合が高いことが示された。さらに、「職員の自己啓発を支援する制度」でも5％の有意水準で経営主体間に統計的有意差が認められ、市区町村（63.3％）は、社会福祉法人（27.9％）、営利法人（48.1％）と比較して実施している割合が高いことが示された。

　その他の「新規採用時の研修」、「外部の研修等への派遣」については経営主体間に統計的有意差は認められなかった。

第7章　営利法人が提供する保育サービスの構造評価による比較分析

表7-7　新規採用時の研修

	実施している	実施していない	計	p値
市区町村	29 96.7%	1 3.3%	30 100.0%	n.s.
社会福祉法人	34 79.1%	9 20.9%	43 100.0%	
営利法人	24 88.9%	3 11.1%	27 100.0%	
全体	87 87.0%	13 13.0%	100 100.0%	

n.s. $p > .05$

表7-8　職員同士の勉強会

	実施している	実施していない	計	p値
市区町村	30 100.0%	0 0.0%	30 100.0%	*
社会福祉法人	37 86.0%	6 14.0%	43 100.0%	
営利法人	20 74.1%	7 25.9%	27 100.0%	
全体	87 87.0%	13 13.0%	100 100.0%	

* $p < .05$

表7-9　外部から講師等を招いての勉強会等

	実施している	実施していない	計	p値
市区町村	28 93.3%	2 6.7%	30 100.0%	*
社会福祉法人	32 74.4%	11 25.6%	43 100.0%	
営利法人	15 55.6%	12 44.4%	27 100.0%	
全体	75 75.0%	25 25.0%	100 100.0%	

* $p < .05$

第Ⅱ部　営利法人が提供する保育サービスの検証

表7-10　外部の研修等への派遣

	実施している	実施していない	計	p値
市区町村	24 80.0%	6 20.0%	30 100.0%	n.s.
社会福祉法人	41 95.3%	2 4.7%	43 100.0%	
営利法人	25 92.6%	2 7.4%	27 100.0%	
全体	90 90.0%	10 10.0%	100 100.0%	

n.s. $p > .05$

表7-11　職員の自己啓発を支援する制度

	実施している	実施していない	計	p値
市区町村	19 63.3%	11 36.7%	30 100.0%	*
社会福祉法人	12 27.9%	31 72.1%	43 100.0%	
営利法人	13 48.1%	14 51.9%	27 100.0%	
全体	44 44.0%	56 56.0%	100 100.0%	

*$p < .05$

(2) 保護者支援

　保護者支援（表7-12～表7-18）についてみると、「保護者会の組織化」で1％の有意水準で経営主体間に統計的有意差が認められ、市区町村（96.7％）は、社会福祉法人（67.4％）、営利法人（63.0％）と比較して保護者会が組織化されている割合が高いことが示された。
　その他の「保育理念・基本方針の配布」、「園だより等の配布」、「連絡帳による情報交換」、「保護者懇談会」、「保護者の保育参加」、「苦情解決のための取り組み」については経営主体間に統計的有意差は認められなかった。

第 7 章　営利法人が提供する保育サービスの構造評価による比較分析

表 7-12　保育理念・基本方針の配布

	実施している	実施していない	計	p 値
市区町村	25 83.3%	5 16.7%	30 100.0%	
社会福祉法人	41 95.3%	2 4.7%	43 100.0%	n.s.
営利法人	23 85.2%	4 14.8%	27 100.0%	
全体	89 89.0%	11 11.0%	100 100.0%	

n.s.p > .05

表 7-13　園だより等の配布

	実施している	実施していない	計	p 値
市区町村	30 100.0%	0 0.0%	30 100.0%	
社会福祉法人	43 100.0%	0 0.0%	43 100.0%	n.s.
営利法人	27 100.0%	0 0.0%	27 100.0%	
	100 100.0%	00.0%	100 100.0%	

n.s.p > .05

表 7-14　連絡帳による情報交換

	実施している	実施していない	計	p 値
市区町村	29 96.7%	1 3.3%	30 100.0%	
社会福祉法人	43 100.0%	0 0.0%	43 100.0%	n.s.
営利法人	26 96.3%	1 3.7%	27 100.0%	
全体	98 98.0%	2 2.0%	100 100.0%	

n.s.p > .05

第Ⅱ部　営利法人が提供する保育サービスの検証

表 7-15　保護者懇談会

	実施している	実施していない	計	p 値
市区町村	27 90.0%	3 10.0%	30 100.0%	n.s.
社会福祉法人	40 93.0%	3 7.0%	43 100.0%	
営利法人	26 96.3%	1 3.7%	27 100.0%	
全体	93 93.0%	7 7.0%	100 100.0%	

n.s. p > .05

表 7-16　保護者の保育参加

	実施している	実施していない	計	p 値
市区町村	27 90.0%	3 10.0%	30 100.0%	n.s.
社会福祉法人	37 86.0%	6 14.0%	43 100.0%	
営利法人	23 85.2%	4 14.8%	27 100.0%	
全体	87 87.0%	13 13.0%	100 100.0%	

n.s. p > .05

表 7-17　保護者会の組織化

	組織化されている	組織化されていない	計	p 値
市区町村	29 96.7%	1 3.3%	30 100.0%	**
社会福祉法人	29 67.4%	14 32.6%	43 100.0%	
営利法人	17 63.0%	10 37.0%	27 100.0%	
	75 75.0%	25 25.0%	100 100.0%	

** p < .01

第7章 営利法人が提供する保育サービスの構造評価による比較分析

表7-18 苦情解決のための取り組み

	行っている	行っていない	計	p値
市区町村	30 100.0%	0 0.0%	30 100.0%	
社会福祉法人	43 100.0%	0 0.0%	43 100.0%	n.s.
営利法人	26 96.3%	1 3.7%	27 100.0%	
	99 99.0%	1 1.0%	100 100.0%	

n.s. p > .05

(3) 地域子育て支援

　地域子育て支援（表7-19〜表7-24）についてみると、「子育て相談」で5％の有意水準で経営主体間に統計的有意差が認められ、営利法人（59.3％）は、市区町村（90.0％）、社会福祉法人（76.2％）と比較して実施している割合が低いことが示された。

　また、「園庭開放」でも5％の有意水準で経営主体間に統計的有意差が認められ、営利法人（40.7％）は、市区町村（73.3％）、社会福祉法人（61.9％）と比較して実施している割合が低いことが示された。

　さらに、「一時預かり」でも5％の有意水準で経営主体間に統計的有意差が認められ、社会福祉法人（66.7％）は、市区町村（36.7％）、営利法人（40.7％）と比較して実施している割合が高いことが示された。

(4) 関係機関との連携

　関係機関との連携については、すべての項目において経営主体間に統計的有意差が認められなかった。

第Ⅱ部　営利法人が提供する保育サービスの検証

表7-19　地域子育て支援拠点事業

	実施している	実施していない	計	p値
市区町村	13 43.3%	17 56.7%	30 100.0%	n.s.
社会福祉法人	16 38.1%	26 61.9%	42 100.0%	
営利法人	6 22.2%	21 77.8%	27 100.0%	
全体	35 35.4%	64 64.6%	99 100.0%	

n.s. $p > .05$

表7-20　子育て相談

	実施している	実施していない	計	p値
市区町村	27 90.0%	3 10.0%	30 100.0%	*
社会福祉法人	32 76.2%	10 23.8%	42 100.0%	
営利法人	16 59.3%	11 40.7%	27 100.0%	
全体	75 75.8%	24 24.2%	99 100.0%	

*$p < .05$

表7-21　園庭開放

	実施している	実施していない	計	p値
市区町村	22 73.3%	8 26.7%	30 100.0%	*
社会福祉法人	26 61.9%	16 38.1%	42 100.0%	
営利法人	11 40.7%	16 59.3%	27 100.0%	
全体	59 59.6%	40 40.4%	99 100.0%	

*$p < .05$

第 7 章　営利法人が提供する保育サービスの構造評価による比較分析

表 7-22　保育室開放

	実施している	実施していない	計	p 値
市区町村	10 33.3%	20 66.7%	30 100.0%	n.s.
社会福祉法人	11 26.2%	31 73.8%	42 100.0%	
営利法人	5 18.5%	22 81.5%	27 100.0%	
全体	26 26.3%	73 73.7%	99 100.0%	

n.s.p ＞ .05

表 7-23　子育てサークルの支援

	実施している	実施していない	計	p 値
市区町村	8 26.7%	22 73.3%	30 100.0%	n.s.
社会福祉法人	10 23.8%	32 76.2%	42 100.0%	
営利法人	5 18.5%	22 81.5%	27 100.0%	
全体	23 23.2%	76 76.8%	99 100.0%	

n.s.p ＞ .05

表 7-24　一時預かり

	実施している	実施していない	計	p 値
市区町村	11 36.7%	19 63.3%	30 100.0%	*
社会福祉法人	28 66.7%	14 33.3%	42 100.0%	
営利法人	11 40.7%	16 59.3%	27 100.0%	
全体	50 50.5%	49 49.5%	99 100.0%	

*p ＜ .05

第Ⅱ部　営利法人が提供する保育サービスの検証

4　調査結果の考察

　以上の調査結果を考察すると、営利法人が経営する保育所が提供する保育サービスの特徴として以下の5点が明らかになった。

(1)　1クラスあたりの子どもの人数を過度に増やしたり、保育者の人数を切り詰めたりしているわけではない

　営利法人は、利益を追求するために1クラスあたりの子どもの人数を過度に増やしたり、保育者の人数を切り詰めたりすることが危惧されている。しかしながら、1クラスあたりの子どもの人数、保育者1人あたりの子どもの人数のいずれにおいても全体的には経営主体間に統計的有意差は認められなかった。
　このように営利法人が経営する保育所は、利益を追求するために他の経営主体と比較して1クラスあたりの子どもの人数を過度に増やしたり、保育者の人数を切り詰めたりしているわけではないのである。

(2)　経験豊かなベテランの職員が少ない

　公営保育所では、年齢が「40歳代」と「50歳代」で保育者全体の約半数を占め、また経験年数が「10年以上」が約半数を占めていることから、経験豊かなベテランの保育者が多いことがわかる。これに対して営利法人が経営する保育所は、年齢が「40歳代」と「50歳代」、経験年数が「10年以上」の割合が低く、公営保育所と比較して経験豊かなベテランの保育者が少ないことがわかる。
　ただし、社会福祉法人も年齢が「40歳代」と「50歳代」、経験年数が「10年以上」の割合が低いことから、経験豊かなベテランの保育者が少ないのは営利法人が経営する保育所だけではなく、社会福祉法人と営利法人を含む私営保育所が公営保育所より経験豊かなベテランの保育者が少なくなっているとみることができる。
　本調査の結果をみると、社会福祉法人および営利法人は公営保育所と比較し

第 7 章　営利法人が提供する保育サービスの構造評価による比較分析

て離職率が高く、このことが私営保育所が公営保育所より経験豊かなベテランの保育者が少ないことにつながっていると考えられる。

(3) 保護者支援の取り組み状況に経営主体間で大きな差はない

　保護者支援の結果をみると、「保護者会の組織化」以外の項目では経営主体との間で統計的有意差は認められなかった。つまり、保護者支援では、営利法人が経営する保育所は公営保育所や社会福祉法人が経営する保育所と比較して、全体的な取り組み状況に大きな差はないのである。

　しかしながら、「保護者会の組織化」では経営主体間で統計的有意差が認められ、公営保育所では9割以上で保護者会が組織化されているのに対して、社会福祉法人および営利法人が経営する保育所では6割程度に留まっていた。つまり、営利法人が経営する保育所だけではなく、社会福祉法人と営利法人を含む私営保育所が公営保育所より保護者会が組織化されていないことがわかる。

　したがって、社会福祉法人、営利法人を含む私営保育所では、保護者会の組織化を促進していくことにより保護者支援を強化していくことが必要と考えられる。ただし、保護者会はあくまでも保護者の自主的な組織であり、保育所側から保護者会の組織化を強制することはできない。保護者会が組織化されている保育所では、保護者会の活動に対する支援や保護者会との連携を図っていくことは重要であるが、保護者会のあり方などについてはさらに検討する余地があると考えられる。

(4) 地域子育て支援について積極的に取り組んでいるとは言い難い

　地域子育て支援の結果をみると、営利法人では、「子育て相談」を実施している保育所は6割弱、「園庭開放」を実施している保育所は約4割に留まっており、いずれも公営保育所、社会福祉法人と比較して実施している割合が低かった。「一時預かり」では、社会福祉法人は6割以上の保育所で実施しているのに対して、営利法人は約4割に留まっていた。また、「地域子育て支援拠点事業」、「保育室開放」、「子育てサークルの支援」では、統計的有意差は認められなかったが、実施の割合はいずれも営利法人が最も低くなっていた。

これらの結果から、営利法人が経営する保育所は、公営保育所、社会福祉法人が経営する保育所と比較して地域子育て支援について積極的に取り組んでいるとは言い難い状況であると言える。

(5) 他機関との連携の状況に経営主体間で大きな差はない

　他機関との連携については、いずれの施設・機関についても経営主体との間には統計的有意差は認められなかった。つまり、営利法人が経営する保育所は、公営保育所、社会福祉法人が経営する保育所と比較して他機関との連携の取り組み状況に大きな差はないと言える。

第8章

営利法人に対する保育政策の課題と展望

1 本章の目的

　本章は、本書において実施したアンケート調査の結果が示唆する保育政策の課題を整理したうえで、今後の営利法人に対する保育政策の展望を検討することを目的とする。

　第6章および第7章では、アンケート調査の結果から営利法人が経営する保育所と公営保育所および社会福祉法人が経営する保育所の実態について比較検討を行うことで、営利法人が経営する保育所が提供する保育サービスの特徴を明らかにした。しかし、このような他の経営主体との差が明らかになった内容だけでなく、調査結果において経営主体間で大きな差がないことが示された内容も重要である。保育所の経営主体間で大きな差がなかった項目は、先行研究によって指摘されている営利法人が経営する保育所に対する危惧を否定する可能性があり、それが保育政策への示唆を与えると考えられるからである。

　したがって、本章では、まず、①営利法人が経営する保育所自体の特徴、②営利法人を含む私営保育所の特徴、③経営主体間で大きな差がなかった内容、の3つに分けて、調査結果が示唆する保育政策の課題を整理する。

　次に、保育所経営への営利法人の参入自体は否定することができないことを示したうえで、本書において実施した調査結果と第Ⅰ部で考察した保育政策における営利法人の位置づけおよび動向を踏まえて、今後の営利法人に対する保

育政策の課題と展望について述べていく。

2　調査結果が示唆する保育政策の課題

(1) 営利法人が経営する保育所自体の特徴が示唆する保育政策の課題
1) 多様な保育ニーズへの対応
　調査結果からは、社会福祉法人と営利法人を含む私営保育所は公営保育所と比較して長時間保育のニーズに対応していることが明らかになった。とりわけ営利法人が経営する保育所では、閉所時刻が「19：01以降」の保育所が8割以上であり、公営保育所、社会福祉法人と比較して、19時を超える保育ニーズに積極的に対応している。また、営利法人が経営する保育所は、在所児童数に占める3歳未満児の割合が高く、保育所待機児童の約8割を占める3歳未満児の受け入れを積極的に行っていることが明らかになった。しかしその一方で、障害児保育については、営利法人が経営する保育所の実施率は約6割で、公営保育所や社会福祉法人と比較して積極的に対応していないことがうかがえる。
　このように営利法人が経営する保育所は、近年ニーズが高まっている長時間保育や3歳未満児の保育に対応しており、多様な保育ニーズの充足に寄与していると考えられるが、必ずしもすべての保育ニーズに対応できているわけではなく、障害児保育の実施については課題がある。
2) 地域子育て支援の取り組み
　地域子育て支援や他機関との連携などは直接利益を上げることができない活動である。したがって、「競争が激化するほど地域における福祉事業体間のネットワークの視点が欠如する」(浅井 1999：14)、「企業も、地域性を口にするが、それは利潤追求ということを前提にしたものであり、利潤を上げられなければいつでもその地域を企業活動から排除していく」(村山 2001：35) といったことが懸念されている。
　そこでアンケート調査では、このような地域子育て支援や他機関との連携について取り上げてその実態について検証した。その結果、他機関との連携については経営主体間で大きな差はみられないことが明らかになったが、地域子育

て支援については経営主体間で差がみられた。

　地域子育て支援の結果をみると、子育て相談を実施している保育所は、公営保育所では約9割、社会福祉法人では7割強であるのに対して、営利法人では約6割に留まっていた。また、園庭開放を実施している保育所は、公営保育所では約7割、社会福祉法人では約6割であるのに対して、営利法人は約4割に留まっていた。

　これらの結果からは、営利法人が経営する保育所が、公営保育所や社会福祉法人が経営する保育所と比較して、地域子育て支援について積極的に取り組んでいるとは言い難いことが明らかになった。保育所保育指針をみると、保育所は子どもに対する保育を提供するだけでなく、保護者支援や地域子育て支援を行っていくことが求められている。したがって、営利法人が経営する保育所は子育て相談や園庭開放といった地域子育て支援に対する意識を高めていくことが必要である。

(2) 営利法人を含む私営保育所の特徴が示唆する保育政策の課題
1) 保育者の雇用環境の安定

　調査結果からは、保育者の経験（保育者の年齢、経験年数）と離職率について経営主体間で差がみられた。すなわち、保育者の経験については、営利法人が経営する保育所だけではなく、社会福祉法人と営利法人を含む私営保育所は公営保育所と比較して経験豊かなベテランの保育者が少なく、離職率が高くなっているのである。

　つまり、保育者の経験については公営保育所と私営保育所で差があるということであり、経験豊かな保育者の少なさ、離職率の高さは、営利法人のみの課題ではなく、私営保育所全般の課題と言える。

　このように私営保育所が公営保育所よりも経験豊かな保育者が少なく、離職率が高い理由としては、公営保育所のほうが私営保育所よりも労働条件が整備されており、長期間働き続けることができるということが指摘されている（保育行財政研究会 2000：38-41）。

　内閣府国民生活局物価政策課（2003）によると、保育士の賃金は、月給（給

与総月額・諸手当てを含む）では公立保育所が30万1,723.3円、私立保育所が21万3,950.4円で、公立保育所のほうが明らかに高く、8万7,772.9円の差がある。

ベネッセ教育総合研究所・次世代育成研究室（2013）が実施した「第2回教育・保育についての基本調査」によると（表8-1）、「保育者の資質向上のために必要なこと」（複数回答）として、私営保育所では「保育者の給与面での待遇改善」が83.4％で最も多く、保育者の給与面での待遇改善が強く求められていることがわかる。

本書で実施した調査結果をみると、公営保育所は「職員同士の勉強会」や「外部から講師等を招いての勉強会等」の割合が私営保育所と比較して高くなっていることから、保育所内での研修体制の充実が働きやすい職場の整備につながっているとも考えられる。

ただし、この点については他の調査結果をみると、一概に公営保育所のほうが私営保育所よりも保育所内での研修体制が充実しているとはいえない。日本保育協会（2012：23）の調査によると、「園内研修または法人研修を実施している」のは公営保育所で72.9％、私営保育所で83.5％、「中堅職員が新入職員をサポートするようなしくみをつくっている」のは公営保育所で39.3％、私営保育所で47.6％となっている。ベネッセ教育総合研究所・次世代育成研究室

表8-1　保育者の資質向上のために必要なこと

	第1位	第2位	第3位	第4位	第5位
公営保育所	職員配置基準の改善	非正規雇用保育者の正規化	養成課程の教育内容の充実	管理職の指導力の向上	保育者同士が学び合う園の風土づくり
	72.6%	67.7%	62.1%	61.2%	59.5%
私営保育所	保育者の給与面での待遇改善	養成課程の教育内容の充実	職員配置基準の改善	保育者同士が学び合う園の風土づくり	管理職の指導力の向上
	83.4%	67.2%	65.3%	63.3%	60.1%

※複数回答。区分ごとに上位5項目のみ表示。

出所）ベネッセ教育総合研究所・次世代育成研究室（2013）『第2回教育・保育についての基本調査ダイジェスト』ベネッセ教育総合研究所より作成。

第8章　営利法人に対する保育政策の課題と展望

(2013) の調査でも、「保育者の資質向上のために必要なこと」として、公営保育所、私営保育所ともに「保育者同士が学び合う園の風土づくり」が挙げられている。

このようにみると、私営保育所が公営保育所と比較して経験豊かなベテランの保育者が少なく、離職率が高くなっているという保育者の経験についての公私格差を解消するためには、保育者の雇用環境の安定、とりわけ保育者の給与面での待遇改善が必要であると考えられる。

2）保育室面積

調査結果からは、子ども1人あたりの保育室面積について経営主体の間で差がみられ、公営保育所は社会福祉法人と営利法人を含む私営保育所と比較して子ども1人あたりの保育室面積が広いことが明らかになった。

しかしながら、第6章でも述べたように、定員充足率をみると、社会福祉法人、営利法人はいずれも定員の約1割多く受け入れており、そのことが私営保育所において子ども1人あたりの保育室面積が狭いことにつながっていると考えられる。

ただし、私営保育所の子ども1人あたりの保育室面積が過度に狭くなっているというわけではない。児童福祉施設の設備及び運営に関する基準には、乳児室の面積は乳児または2歳未満の幼児1人につき1.65m^{2}以上、ほふく室の面積は乳児または2歳未満の幼児1人につき3.3m^{2}以上、保育室または遊戯室の面積は満2歳以上の幼児1人につき1.98m^{2}以上と規定されている。本書で実施した調査では年齢別の保育室面積を尋ねていないが、調査結果によると、子ども1人あたりの保育室面積は、公営保育所が7.36m^2、社会福祉法人が4.48m^2、営利法人が4.89m^{2}で、社会福祉法人、営利法人ともに児童福祉施設の設備及び運営に関する基準に規定される保育室の面積は十分に満たしていると考えられる。

児童福祉施設の設備及び運営に関する基準は、子ども1人あたりの保育室面積の確保に大きな役割を果たしていると考えられるが、この基準自体は国際的にみて必ずしも高い基準とは言えない。全国社会福祉協議会が実施した「機能面に着目した保育所の環境・空間に係る研究事業」によると、アメリカ、イン

グランド、フランス、ドイツ、スウェーデン、ニュージーランドの6か国の保育所の施設基準を調査した結果、日本の子ども1人あたりの面積基準が諸外国と比較して低い規準にあることが明らかになっている（全国社会福祉協議会 2009：389-390）。

つまり、子ども1人あたりの保育室面積は、私営保育所も児童福祉施設の設備及び運営に関する基準は満たしているが、その基準は国際的にみると低い基準であり、この基準自体を再検討する余地があると考えられる。

(3) 経営主体間で差がなかった内容が示唆する保育政策の課題
1) クラス人数の規定

営利法人は、利益を追求するために1クラスあたりの子どもの人数を過度に増やすことが危惧されているが、本書で実施した調査結果からは、営利法人が経営する保育所は、他の経営主体と比較して1クラスあたりの子どもの人数を過度に増やしているわけではないことが明らかになった。

このような1クラスあたりの子どもの人数（以下「クラス人数」とする）は、児童福祉施設の設備及び運営に関する基準には規定されていない。欧米では多くの国で法的に規定されており、たとえば、わが国の最低基準の議論でよく取り上げられる全米幼児教育協会（The National Association for the Education of Young Children）の認証基準では、クラス人数は、0歳で8人、1歳で10〜12人、2歳半までで12人、3歳未満で14人、3歳〜5歳で20人となっている（大宮 2006：101）。

本書で実施した調査結果では、クラス人数の平均は、0歳児で8.9人、1歳児で14.8人、2歳児で16.7人、3歳児で20.1人、4歳児で21.5人、5歳児で19.6人となっており、3歳未満のクラスで全米幼児教育協会の認証基準よりもクラス人数が多くなっている。

このようにクラス人数は経営主体間では差はないが、とりわけ3歳未満児のクラスにおいては十分な水準であるとは言い難い。待機児童の大半が3歳未満児ということに鑑みると、今後さらに3歳未満児のクラスにおいては定員を超過して受け入れざるを得なくなる可能性がある。クラス人数を過度に増やさな

いようにするためには、欧米のようにクラス人数に関して何らかの基準を設けることも検討する必要がある。

2）職員配置基準

　営利法人は、保育者の人数を切り詰めたりすることが危惧されているが、本書で実施した調査結果からは、営利法人が経営する保育所は、利益を追求するために他の経営主体と比較して保育者の人数を切り詰めているわけではないことが明らかになった。

　営利法人であっても認可保育所である以上、児童福祉施設の設備及び運営に関する基準によって規定されている保育士の配置基準を遵守しなければならない。このことが保育者1人あたりの子どもの人数において、営利法人と公営保育所および社会福祉法人の間に差が生じていない大きな要因となっていると考えられる。

　児童福祉施設の設備及び運営に関する基準には、保育士の数は、乳児おおむね3人につき1人以上、3歳未満の幼児おおむね6人につき1人以上、満3歳以上満4歳未満の幼児おおむね20人につき1人以上、満4歳以上の幼児おおむね30人につき1人以上と規定されている。これに対して前述した全米幼児教育協会の認証基準では、保育者1人あたりの子どもの人数は、0歳で4人、1歳で4〜5人、2歳半までで6人、3歳未満で7人、3歳〜5歳で10人となっている（大宮 2006：101）。この2つの基準を比較すると、わが国の基準では3歳以上の幼児について、保育者1人あたりの子どもの人数が全米幼児教育協会の認証基準よりも多くなっている。

　前出のベネッセ教育総合研究所・次世代育成研究室（2013）の調査によると（表8-1）、「保育者の資質向上のために必要なこと」（複数回答）として、「職員配置基準の改善」が公営保育所では72.6％で第1位であり、私営保育所でも65.3％で第3位となっており、保育者1人あたりの子どもの人数の基準の改善が求められている。

　このように保育者1人あたりの子どもの人数は経営主体間では差はなく、児童福祉施設の設備及び運営に関する基準がその大きな要因として考えられるが、その基準については改善する余地があると考えられる。

第Ⅱ部　営利法人が提供する保育サービスの検証

3) 保育者の非正規化

　調査結果からは、公営保育所、社会福祉法人、営利法人はいずれも常勤保育者の比率が60％台後半で、保育者の非正規化については経営主体間で大きな差はみられなかった。

　日本保育協会（2012：7）の調査によると、公営保育所では常勤保育者の割合が50％未満という回答が66.9％であるのに対して、私営保育所では34.5％に留まっており、私営保育所のほうが保育従事者数全体に占める常勤保育者の割合が高い状況にある。

　前出のベネッセ教育総合研究所・次世代育成研究室（2013）の調査においても、「保育者に占める正規雇用者の比率」は、公営保育所で45.8％、私営保育所で59.8％となっており、公営保育所のほうが常勤保育者の比率が低くなっている。また、「保育者の資質向上のために必要なこと」（複数回答）をみると（表8-1）、公営保育所では「職員配置基準の改善」が72.6％で最も多く、次いで「非正規雇用保育者の正規化」が67.7％となっている。これらの結果からは、私営保育所よりもむしろ公営保育所のほうが保育者の非正規化を課題と感じていることがうかがえる。

　前述したように営利法人に対しては人件費を圧縮し利益を追求するために保育者の非正規化を図ることが危惧され、その参入に対して批判的な見解がみられる。しかしながら、これらの結果からは保育者の非正規化は営利法人のみの問題ではないことがわかる。たしかに営利法人においても保育者の非正規化は進められているが、営利法人が経営する保育所においてのみ行われているのではなく、公営保育所、社会福祉法人が経営する保育所においても行われており、保育所全般の課題となっているのである。

　つまり、営利法人のみでなく保育所全般において人件費を圧縮するために保育者の非正規化が進められてきているのである。このような保育者の非正規化は近年深刻になっている保育者不足のひとつの要因となっている。したがって、保育所運営費を改善するなどして保育者の正規化を図っていくことが求められる。

3 営利法人に対する保育政策の展望

(1) 営利法人の参入は問題か

　営利法人が経営する保育所は、利益を追求するために1クラスあたりの子どもの人数を過度に増やしたり、保育者の人数を切り詰めたりすることが危惧されている。さらに、営利法人が経営する保育所は、人件費を圧縮して利益を追求するために経験の浅い若い保育者を雇用したり、保育者の非正規化を進めていると指摘されている。

　序章でも述べたように、若林（2012：69）は「株式会社が利潤の追求を目指して保育所経営で利益を求めようとすると、運営費の約8割を占めるという人件費の圧縮に走りやすくなる。そのため保育士の低賃金化、非正規化など労働条件は悪化し、離職率が高くなるなど、安定的な保育者集団を確保できず、保育の質の低下につながることになるというおそれもあり、株式会社による保育所設置を認めていない自治体も多い」と指摘している。

　このように保育所経営への営利法人の参入に対しては、利益を追求するために、①保育者1人あたりの子どもの数の増加、②経験の浅い若い保育者の雇用、③保育者の非正規化を行うことで、④離職率が高くなることが指摘されている。そのことによって安定的な保育者集団が確保できず、保育の質の低下につながると危惧されている。しかしながら、このような保育所経営への営利法人の参入に対する危惧は、必ずしも実態を実証的に分析して主張されているとは言い難い面があった。

　そこで本書では、保育所のアンケート調査を実施して、第6章および第7章において営利法人が経営する保育所の事業の実施状況および営利法人が経営する保育所が提供する保育サービスの構造評価について比較検討した。

　その結果、第1に、保育者1人あたりの子どもの数を増加させるという危惧については、1クラスあたりの子どもの人数、保育者1人あたりの子どもの人数のいずれにおいても全体的には経営主体間で統計的有意差は認められなかった。つまり、第7章の4で述べたように、営利法人が経営する保育所は、利益

を追求するために他の経営主体と比較して1クラスあたりの子どもの人数を過度に増やしたり、保育者の人数を切り詰めたりしているわけではないことがわかる。

第2に、経験の浅い若い保育者を雇用するという危惧については、保育者の年齢と経験年数において営利法人が経営する保育所と公営保育所との間で統計的有意差が認められた。営利法人が経営する保育所は、年齢について「40歳代」と「50歳代」のいずれも約1割で、経験年数についても「10年以上」が2割弱で公営保育所と比較して割合が低く、公営保育所と比較して経験豊かなベテランの保育者が少ないことが明らかになった。

しかしながら、社会福祉法人が経営する保育所も年齢が「40歳代」と「50歳代」、経験年数が「10年以上」の割合が低くなっていることから、経験豊かなベテランの保育者が少ないのは営利法人が経営する保育所だけではなく、社会福祉法人が経営する保育所も同様であることがわかる。

つまり、第7章の4で述べたように、営利法人が経営する保育所では、たしかに危惧されているような経験の浅い若い保育者の雇用という課題は生じているが、それは営利法人が経営する保育所のみの課題ではなく、私営保育所全般の課題となっているのである。

第3に、保育者の非正規化という危惧については、常勤保育者の比率はいずれの経営主体も60%台後半で、経営主体間で統計的有意差は認められなかった。つまり、第6章の4で述べたように、営利法人が経営する保育所のみが利益追求のために保育者の非正規化を進めているわけでなく、保育所経営においては経営主体に関係なく保育者の非正規化が進められているのである。

第4に、離職率の高さという危惧については、営利法人が経営する保育所は離職率が10%を超えており、公営保育所と比較して離職率が高いことが明らかになった。しかしながら、社会福祉法人が経営する保育所も離職率が10%を超えており、離職率の高さは営利法人が経営する保育所だけではなく、社会福祉法人が経営する保育所も同様であることがわかる。

つまり、第7章の4で述べたように、営利法人が経営する保育所では、たしかに公営保育所と比較して離職率は高いが、それは営利法人が経営する保育所

表8-2　保育所経営への営利法人の参入に対する危惧の検証結果

営利法人の参入に対する危惧	本研究の結果
①保育者1人あたりの子どもの数の増加	利益を追求するために他の経営主体と比較して1クラスあたりの子どもの人数を過度に増やしたり、保育者の人数を切り詰めたりしているわけではない
②経験の浅い若い保育者の雇用	たしかに公営保育所と比較して経験豊かなベテランの保育者が少ないが、それは営利法人が経営する保育所のみの課題ではなく、私営保育所全般の課題となっている
③保育者の非正規化	保育所経営においては経営主体に関係なく保育者の非正規化が進んでいる
④離職率が高くなる	たしかに公営保育所と比較して離職率は高いが、それは営利法人が経営する保育所のみの課題ではなく、私営保育所全般の課題となっている

出所）筆者作成。

のみの課題ではなく、私営保育所全般の課題となっているのである。

　このように保育所経営への営利法人の参入に対する危惧の検証結果（表8-2）をみると、危惧されている内容については、必ずしも営利法人が経営する保育所のみの課題ではなく、保育者の経験の少なさや離職率の高さは私営保育所全般の課題、保育者の非正規化は保育所全般の課題となっていることが明らかになった。

　これらの課題については、本章の2において述べたように改善していくべきではある。しかしながら、このことをもって直ちに保育所経営への営利法人の参入を拒絶する理由にはならない。

　都市部を中心に依然として待機児童問題が解消されず、保育所の量的不足を補うことが政策的にも要請されている状況においては、保育所経営への営利法人の参入自体は否定することはできない。つまり、政策的に今後も継続して保育所制度の枠内に営利法人を位置づけていくことが問題であるとは一概に言えないのである。

(2)　ひとつの選択肢としての営利法人の参入

　営利法人の参入の議論の際には、営利法人は利用者の多様なニーズに素早

第Ⅱ部　営利法人が提供する保育サービスの検証

く、適切に対応できるという主張がなされた。たとえば、1999年10月8日に開催された第10回規制改革委員会（公開討論）において、ポピンズコーポレーション社長である中村は「民間企業の方が若干機動力、実行力、ニーズの把握その他に長けている」と述べている。また、同委員会でベネッセコーポレーション部長である田中は「待機児童の解消にしても、待機児童が1,000人いる地域では、民間ならば4～5か月で対応できる。サービス業、自営業の方の多い地域では、土日保育のニーズが高く、民間企業の方がニーズを正確に把握できるはずだ」と述べている。

前項において営利法人の参入自体を否定することはできないということを示したが、単に否定することができないというだけでなく、営利法人が経営する保育所は利用者の多様なニーズに対応するといった保育サービスの提供に対して積極的な役割を果たしているのだろうか。

本書で実施した調査結果によると、営利法人が経営する保育所は、休日保育や夜間保育、病児保育、病後児保育については他の経営主体と比較して差がなく、障害児保育についてはむしろ他の経営主体と比較して積極的に対応していないことがうかがえた。

しかし、長時間保育、とりわけ19時以降の保育ニーズについては、営利法人が経営する保育所は他の経営主体と比較して積極的に対応している。このことに関して、営利法人は利潤を上げるために、積極的に延長保育を実施し、長時間保育のニーズに対応しているとの指摘がある。たとえば、田村（2000：8）は「児童福祉法第24条に基づく『保育の実施』として行われる保育所経営からは利潤をあげることは許されない。これ以外の部分、例えば『自主事業化』されたという延長保育や『保育の実施』の『上乗せ』部分から利潤をあげることは、否定されないということになる」と指摘している。

しかしながら、近隣の保育所と比較して延長保育の料金を大幅に高く設定することは現実的には難しく、利潤を上げるという目的のみで積極的に延長保育を実施し、長時間保育のニーズに対応しているとは考えにくい。営利法人の参入が長時間保育のニーズが高い都市部に集中しているということに鑑みると、地域の保育ニーズに対する意識が高く、その機動力を発揮して積極的に対応し

ていると考えることができる。

　また、営利法人が経営する保育所は、在所児童数に占める3歳未満児の割合が約5割であり、公営保育所と比較してその割合が高くなっている。厚生労働省雇用均等・児童家庭局保育課の調べによると、2013年4月1日現在の保育所待機児童数は2万2,741人で、そのうち3歳未満児は1万8,656人で82.0%を占めている。営利法人が経営する保育所は、このような待機児童対策においてニーズの高い3歳未満児の受け入れを積極的に行っていると言える。

　さらに、営利法人は他の事業を経営している割合が高く、また保育所、認可外保育サービス、学童保育などの実施にみられるように事業の多角的な経営を行っている。社会福祉法人経営研究会がまとめた『社会福祉法人経営の現状と課題』では、「経営を効率化し、安定させるためには、法人全体でトータルとして採算をとっていくことが不可欠」であり、「そのためには、従来のような『一法人一施設』を基礎とした規模ではなく、複数の施設・事業を運営し、多角的な経営を行える＝『規模の拡大』をめざすことが有効な方策として考えられる」と述べられている（社会福祉法人経営研究会 2006：65）。社会福祉法人が従来から一法人一施設の零細な規模の法人が多数を占めていることが問題として指摘されているのに対して、営利法人は社会福祉法人の課題とされている多角的な事業の経営を積極的に行っていることがわかる。

　このように営利法人が経営する保育所は、近年ニーズが高まっている長時間保育や3歳未満児の保育に積極的に対応するとともに、事業の多角化を図ることで多様な保育ニーズの充足に寄与している。したがって、とりわけ都市部においては待機児童解消の手段のひとつとして保育所経営への営利法人の参入を促進していく余地があると考えられる。

(3) 営利法人に対する保育政策の課題──地域子育て支援へのインセンティブ

　1990年代に入り、保育所の役割として地域子育て支援や他機関との連携の視点が強調されるようになった。しかしながら、規制改革委員会や社会福祉基礎構造改革の議論においては、営利法人による子どもへの保育サービスの提供という側面が重点的に取り上げられ、地域子育て支援についてはほとんど取り上

げられなかった。

　しかし、少子化対策や児童虐待防止対策と関連して保育政策において地域子育て支援の重要性が高まってきている動向に鑑みると、保育所経営への営利法人の参入に関しても地域子育て支援の視点からの議論が不可欠である。

　そこで、本書では、地域子育て支援に関しても調査項目で取り上げて検討した。その結果、営利法人が経営する保育所は、公営保育所や社会福祉法人が経営する保育所と比較して、地域子育て支援、とりわけ子育て相談、園庭開放については積極的に取り組んでいるとは言い難いことが明らかになった。

　したがって、営利法人が経営する保育所では、本章の2でも述べたように、まず個々の保育所において子育て相談や園庭開放といった地域子育て支援に対する意識を高めていくことが必要である。ただし、営利法人が経営する保育所では野外遊戯場を有しているのは約6割であり、公営保育所や社会福祉法人が経営する保育所と比較して少ない状況に鑑みると、営利法人が経営する保育所のすべてにおいて園庭開放を実施していくことは難しいと考えられる。

　そこで保育政策としては、以下の2点について取り組んでいくことが求められる。第1は、地域子育て支援に対するインセンティブを高める施策を推進していくことである。まずは個々の営利法人が経営する保育所が地域子育て支援に対する意識を高めていくことが必要であるが、それとともに保育政策としては子育て相談や園庭開放や保育室開放、子育てサークルの支援を行う保育所に対して職員配置に伴う人件費の補助等により、地域子育て支援に対するインセンティブを高めていくことが求められる。

　これは営利法人が経営する保育所のみでなく、公営保育所や社会福祉法人が経営する保育所における地域子育て支援をより充実させていくことにもつながっていくと考えられる。

　第2は、市町村などの地域において広域的に各保育所の役割分担を検討し、地域子育て支援の体制を整備していくことである。営利法人が経営する保育所では野外遊戯場を有していない施設もあり、このような保育所においては園庭開放を実施することはできない。したがって、すべての保育所において地域子育て支援を実施するということだけなく、市町村などの地域において広域的に

役割分担を検討し、地域子育て支援の体制を整備していくことも検討すべきである。たとえば、園庭開放や保育室開放を実施できない保育所があったとしても、周辺の保育所や幼稚園、児童館等においてそのような場が確保されていれば地域としては子育て支援の体制が整備されていることになる。

2012年8月に子ども・子育て関連三法が成立したことによって各市町村において子ども・子育て支援事業計画を策定していくことになる。子ども・子育て支援事業計画においては、このような地域子育て支援の体制整備についても検討していくことが望まれる。

(4) 保育政策全般の課題

保育サービスの提供にあたって人材は重要な要素であり、保育者が専門性を発揮して安定的に働くことができる労働環境が不可欠である。保育所運営費に占める人件費の割合は8割とも9割とも言われ、営利法人が経営する保育所が利益を追求するために保育者の非正規化などの人件費の圧縮を図り、そのことが労働環境の不安定さにつながるのではないかと危惧されている。

本書で実施した調査の結果からは、営利法人が経営する保育所には、先行研究で危惧されている保育者の経験の少なさ、離職率の高さ、保育者の非正規化といった課題はあることが明らかになった。したがって、保育所経営へ営利法人の参入を進めていくとしてもこのような保育者の労働環境の問題には十分に配慮しなければ、保育サービスの質の維持・向上は図ることができない。

しかしながら、このような営利法人が危惧されている課題は、営利法人のみの課題ではなく、保育者の経験の少なさ、離職率の高さは社会福祉法人を含む私営保育所全般の課題であり、また保育者の非正規化は公営保育所を含む保育所全般の課題となっている。

したがって、営利法人が経営する保育所において安定的な保育者集団を確保し、保育サービスの質を向上させていくためには、営利法人に対する保育政策の課題に取り組んでいくだけでなく、このような私営保育所全般あるいは保育所全般の課題に対して対策を講じていくことが求められる。

保育サービスの質を向上していくためには保育者の雇用の安定が必須であ

り、保育所経営への営利法人の参入を進めていくにあたっても、保育者の正規化や給与面での待遇改善など労働環境の改善を図っていくことが求められる。

　2013年度より保育者の給与面での待遇改善を図るため「保育士等処遇改善臨時特例事業」が実施されている。この事業は「待機児童の早期解消のため、保育所の整備等によって量的拡大を図る中、保育の担い手である保育士の確保が課題となっている」なかで、「保育士の人材確保対策を推進する一環として、保育士の処遇改善に取り組む保育所へ資金の交付を行うことにより、保育士の確保を進める」ものである。

　この事業は「現在の水準の国及び地方の施策（独自施策を含む）があってもなお保育士の処遇が低いという現状を踏まえて、保育士の処遇を緊急に引き上げるために実施するものである」とされ、「これまで『保育所運営費には必要十分な人件費を積算している』としてきた国が、保育士処遇の低さを公式に認めた点で画期的」（澤村 2013：69）である。

　しかしながら、この事業は安心こども基金を活用した「特例事業」であり、あくまでも2013年度中に保育士等の処遇改善を行うための事業とされている。2013年度に一時的に給与面の待遇が改善されても、それが１年のみで終了して再び元の給与に戻ってしまうようでは長期的には安定した保育者集団を確保していくことは難しい。

　したがって、このような事業を特例事業とするのではなく、恒久的な事業として位置づけていくことが必要であり、さらに子ども・子育て関連三法に伴う新制度における公定価格についても保育者の安定した雇用を確保できるようにしていくことが求められる。

終　章

　本書の目的は、保育所経営への営利法人の参入の是非について検討し、今後の営利法人に対する保育政策の課題を明らかにすることであった。そのために、まず文献研究によって戦後の保育政策における営利法人の位置づけの変容を明らかにし、さらに保育所に対するアンケート調査を実施して営利法人が経営する保育所の実態を明らかにすることで、保育所経営への営利法人の参入の是非および営利法人に対する保育政策の課題について検討してきた。
　本章では、本書の総括として、本書で明らかにしたことをまとめたうえで、本書の意義と、残された研究課題について提示する。

1　総　括

(1)　規制から健全育成、参入促進へ

　戦後の保育政策における営利法人の位置づけをみると、児童福祉法制定当初は、営利法人による保育所の設置を認めない旨は明記されていなかったが、「営利を図る行為」には補助金を与えないことが明記されており、実質的には保育所の設置主体として営利法人は位置づけられていなかった。
　その後、1963年3月に「保育所の設置認可等について」（児発第271号）が通知され、民間の保育所の設置は原則として社会福祉法人に限定されたことによって、法令上も営利法人が保育所を設置する余地はなくなった。つまり、1963年以降の営利法人に対する保育政策は、営利法人による保育所の設置を認

めないとする参入規制という形で講じられ、営利法人は2000年3月まで一貫して認可保育所の枠外に位置づけられてきたのである。

一方、認可外保育施設として営利法人が提供する保育サービスについては、ベビーホテル問題が社会問題化したことによって、それまで保育政策の枠外に放置されていた営利法人に対して指導監督という形で規制に重点を置いた対策が実施された。1990年代に入ると、このような認可外保育施設に対する規制を強化する一方で、認可外保育施設を肯定的に評価して健全育成していくという新たな政策展開がみられるようになり、営利法人が経営する認可外保育施設も保育所の補完的役割として保育政策に位置づけられていくようになった。

さらに、2000年3月に「保育所の設置認可等について」(児発第295号)が通知されたことにより、営利法人による保育所の設置を認めないという参入規制は撤廃され、法令上も保育所制度の枠内にも営利法人が位置づけられることになった。

このように営利法人に対する保育政策は、規制から健全育成、そして参入促進へと変容していったのである。また、営利法人は保育政策において、否定的な位置づけから肯定的な位置づけへ、認可外保育施設から保育所制度の枠内へと位置づけられるようになったのである。

このように戦後の保育政策において営利法人の位置づけが変容していった社会的背景を整理すると、以下のようになる。

第1は、少子化対策の推進である。1990年代に入って少子化が社会的問題として注目され、1990年代後半から待機児童の問題が表面化することに伴い、保育政策に対する国の姿勢は、従来の親の育児責任を強調する姿勢から、少子化対策として保育政策を積極的に整備していく姿勢へ転換していった。しかし、「福祉見直し」以降の財政問題もあり、多様化するニーズを充足するためには、従来の公営保育所や社会福祉法人による保育サービスの提供だけでは限界があった。

このような状況のなかで、認可外保育施設を規制するよりも良質な認可外保育施設を活用してサービスを確保していくこと、さらに保育所経営への営利法人の参入が主張されるようになった。つまり、市場機構を通じて創造性、効率

終　章

性を適切に発揮して多様なニーズに対応していくことが期待されるようになり、営利法人の健全育成、保育所経営への営利法人の参入が積極的に推進されていくことになったのである。

　第2は、社会福祉基礎構造改革による多様な経営主体の参入促進である。1998年6月に中央社会福祉審議会社会福祉基礎構造改革分科会がとりまとめた「社会福祉基礎構造改革について（中間まとめ）」では、改革の基本的方向のひとつとして「多様な主体の参入促進」が挙げられ、社会福祉事業の経営主体の範囲を見直すことにより社会福祉事業の枠内に多様な経営主体を位置づけていくことが示された。このような社会福祉全体の流れを受けて、保育サービス分野でも営利法人の参入が議論されるようになり、保育所経営への参入を認めることにつながっていったのである。

　第3は、規制改革による営利法人の参入促進である。1990年代後半からは、社会福祉基礎構造改革が推進されるのと並行して、医療・福祉分野に市場原理の導入を主張する勢力が台頭し、規制改革を通して社会福祉への影響力を大きくしていった。このような規制緩和の側面から保育所経営への営利法人の参入が求められたのである。

　公営保育所や社会福祉法人が保育サービスの量的拡大や多様化する保育ニーズに十分に対応できていない状況では、このような規制緩和に対する反対する主張は弱く、営利法人の参入を推進する目的として待機児童の解消、多様なニーズへの対応などが付加され、規制緩和委員会の営利法人の参入に対する姿勢がしだいに積極的になっていったのである。

(2)　**営利法人が経営する保育所の実態**

　営利法人が設置した保育所は年々増加しているものの保育所数全体に占める割合は2012年4月1日現在で1.6％にすぎず、全国的にみると営利法人の参入が保育所数の量的拡大に大きく寄与しているとは言えない状況にある。

　このような保育所経営への営利法人の参入の是非については、必ずしも実態を実証的に分析して主張されているとは言い難い面があった。したがって、本書では、営利法人が経営する保育所の実態を実証的に分析することで、保育所

155

経営への営利法人の参入の是非について検討した。

　具体的には、本書において実施したアンケート調査の結果から営利法人が経営する保育所と公営保育所および社会福祉法人が経営する保育所について比較検討を行うことで、営利法人が経営する保育所が提供する保育サービスについて、以下のような特徴が明らかになった。

　まず、保育所の事業の実施状況の比較検討からは、営利法人が経営する保育所の特徴として以下の5点が明らかになった。
①保育所の定員規模は小さいが、定員充足率は高い
②3歳未満児、長時間のニーズに対応している
③他の事業を運営している保育所の割合が高く、事業内容も他の保育所や認可外保育サービス、学童保育など多岐にわたる
④常勤保育者の比率は他の経営主体と比較して大きな差はない
⑤子ども1人あたりの保育室面積は狭く、約4割は野外遊戯場がない

　次に、保育所が提供する保育サービスの構造評価による比較検討からは、営利法人が経営する保育所が提供する保育サービスの特徴として以下の5点が明らかになった。
①1クラスあたりの子どもの人数を過度に増やしたり、保育者の人数を切り詰めたりしているわけではない
②経験豊かなベテランの職員は少ない
③保護者支援の取り組み状況については、営利法人が経営する保育所と他の経営主体間で大きな差はない
④地域子育て支援について積極的に取り組んでいるとは言い難い
⑤他機関との連携の状況については、営利法人が経営する保育所と他の経営主体間で大きな差はない

(3)　保育所経営への営利法人の参入自体は否定することができない

　保育所経営への営利法人の参入に対しては、利益を追求するために、①保育者1人あたりの子どもの数の増加、②経験の浅い若い保育者の雇用、③保育者の非正規化を行うことで、④離職率が高くなることが先行研究において指摘さ

終　章

れている。そのことによって安定的な保育者集団が確保できず、保育の質の低下につながると危惧されている。
　そこで本書では、アンケート調査の結果から、このような保育所経営への営利法人の参入に対する危惧について検証した。その結果、以下の4点が明らかになった。
①営利法人が経営する保育所は、他の経営主体と比較して1クラスあたりの子どもの人数を過度に増やしたり、保育者の人数を切り詰めたりしているわけではなく、危惧されているような保育者1人あたりの子どもの数の増加という課題は生じていない
②営利法人が経営する保育所では、たしかに危惧されているような経験の浅い若い保育者の雇用という課題は生じているが、それは営利法人が経営する保育所のみの課題ではなく、私営保育所全般の課題となっている
③営利法人が経営する保育所のみが保育者の非正規化を進めているわけでなく、保育所経営においては経営主体に関係なく保育者の非正規化が進んでいる
④営利法人が経営する保育所では、たしかに公営保育所と比較して離職率は高いが、それは営利法人が経営する保育所のみの課題ではなく、私営保育所全般の課題となっている
　このように保育所経営への営利法人の参入に対する危惧の検証結果をみると、危惧されている内容については、必ずしも営利法人が経営する保育所のみの課題ではなく、保育者の経験の少なさや離職率の高さは私営保育所全般の課題、保育者の非正規化は保育所全般の課題となっているのである。
　これらの課題については、第8章の2において述べたように改善していくべきではある。しかしながら、このことをもって直ちに保育所経営への営利法人の参入を拒絶する理由にはならない。
　都市部を中心に依然として待機児童問題が解消されず、保育所の量的不足を補うことが政策的にも要請されている状況においては、保育所経営への営利法人の参入自体は否定することはできない。つまり、政策的に今後も継続して保育所制度の枠内に営利法人を位置づけていくことが問題であるとは一概に言え

ないのである。

(4) ひとつの選択肢としての営利法人の参入

　保育所経営への営利法人の参入が進んでいない要因のひとつとしては、設置認可に係る取り扱いおよび報酬体系における介護保険制度と保育所制度の仕組みの違いであると考えられる。しかしながら、2015年度に施行が予定されている子ども・子育て関連三法に基づく新制度において保育所の設置認可に係る取り扱いが改められることによって、これまで都道府県の裁量によって参入が進んでこなかった地域においても今後は保育所経営への営利法人の参入が進む可能性がある。

　本書で実施した調査結果から、営利法人の参入自体を否定することはできないということを示したが、単に否定することができないというだけでなく、営利法人が経営する保育所は利用者の多様なニーズに対応するといった保育サービスの提供に対して積極的な役割を果たしているのだろうか。

　本書で実施した調査結果によると、営利法人が経営する保育所は、近年ニーズが高まっている長時間保育や3歳未満児の保育に積極的に対応するとともに、事業の多角化を図ることで多様な保育ニーズの充足に寄与している。したがって、とりわけ都市部においては待機児童解消の手段のひとつとして保育所経営への営利法人の参入を促進していく余地があると考えられる。

(5) 営利法人に対する保育政策の課題

　本書で実施した調査結果からは、営利法人が経営する保育所には、先行研究で危惧されている保育者の経験の少なさ、離職率の高さ、保育者の非正規化といった課題はあることが明らかになった。したがって、保育所経営へ営利法人の参入を進めていくとしてもこのような保育者の労働環境の問題には十分に配慮しなければ、保育サービスの質の維持・向上は図ることができない。

　しかしながら、このような営利法人が危惧されている課題は、営利法人のみの課題ではなく、保育者の経験の少なさ、離職率の高さは社会福祉法人を含む私営保育所全般の課題であり、また保育者の非正規化は公営保育所を含む保育

終　章

所全般の課題となっている。

　したがって、営利法人が経営する保育所において安定的な保育者集団を確保し、保育サービスの質を向上させていくためには、このような私営保育所全般あるいは保育所全般の課題に対して対策を講じていくことが求められる。

　保育サービスの質を向上していくためには保育者の雇用の安定が必須であり、保育所経営への営利法人の参入を進めていくにあたっても、保育者の正規化や給与面での待遇改善など労働環境の改善を図っていくことが求められる。

　このような私営保育所全般あるいは保育所全般の課題に対する対策とともに、営利法人が経営する保育所が抱える課題についても取り組んでいくことが必要である。本書で実施した調査結果から、営利法人が経営する保育所は、公営保育所や社会福祉法人が経営する保育所と比較して、地域子育て支援、とりわけ子育て相談、園庭開放については積極的に取り組んでいるとは言い難いことが明らかになった。

　少子化対策や児童虐待防止対策と関連して保育政策において地域子育て支援の重要性が高まってきている動向に鑑みると、営利法人が経営する保育所では、まず個々の保育所において子育て相談や園庭開放といった地域子育て支援に対する意識を高めていくことが必要である。

　ただし、営利法人が経営する保育所では野外遊戯場を有しているのは約6割であり、公営保育所や社会福祉法人が経営する保育所と比較して少ない状況に鑑みると、営利法人が経営する保育所のすべてにおいて園庭開放を実施していくことは難しいと考えられる。

　そこで保育政策としては、①地域子育て支援に対するインセンティブを高める施策の推進、②市町村などの地域において広域的に各保育所の役割分担を検討するなど地域子育て支援の体制整備、の2点について取り組んでいくことが求められる。

　具体的には、前者については、子育て相談や園庭開放や保育室開放、子育てサークルの支援を行う保育所に対して職員配置に伴う人件費の補助等により、地域子育て支援に対するインセンティブを高めていくことが求められる。これは営利法人が経営する保育所のみでなく、公営保育所や社会福祉法人が経営す

る保育所における地域子育て支援をより充実させていくことにもつながっていくと考えられる。

　後者については、たとえば、園庭開放や保育室開放を実施できない保育所があったとしても、周辺の保育所や幼稚園、児童館等においてそのような場が確保されていれば地域としては子育て支援の体制が整備されていることになる。すべての保育所において地域子育て支援を実施するということだけなく、市町村などの地域において広域的に役割分担を検討し、地域子育て支援の体制を整備していくことも検討すべきである。2012年8月に子ども・子育て関連三法が成立したことによって各市町村において策定していくことになる子ども・子育て支援事業計画では、このような地域子育て支援の体制整備についても検討していくことが望まれる。

2　本書の意義と残された研究課題

　本書の目的は、保育所経営への営利法人の参入の是非について検討し、今後の営利法人に対する保育政策の課題を明らかにすることであったが、保育政策研究における本書の意義としては、以下の2点が挙げられる。

　第1は、戦後の保育政策における営利法人の位置づけの変容を明確にしたことである。単に保育所経営への営利法人の参入が認められた2000年前後の保育政策を検討するだけでなく、戦後の保育政策における営利法人の位置づけの変容を明確にしたところに本書の意義があると思われる。そのことによって、保育所経営への営利法人の参入の是非について歴史的な視点からも検討することができるようになるからである。

　また、これまでも戦後の保育政策を検討した先行研究は多くみられるが、それらは営利法人に焦点をあてたものではなく、その意味においては、戦後の保育政策の展開を営利法人に焦点をあてて検討した本書は、営利法人に対する保育政策の発展に寄与するのではないかと思われる。

　第2は、営利法人が経営する保育所を対象として全国規模のアンケート調査を実施し、他の経営主体が経営する保育所との比較検討を行ったことである。

終　章

　保育所経営への営利法人の参入の是非や今後のあり方などについては、先行研究では必ずしも営利法人が経営する保育所の実態や特徴を実証的に整理して主張されているは言い難い面があった。本書では、営利法人が経営する保育所の実態を実証的に分析することで、営利法人が経営する保育所には、先行研究で危惧されている保育者の経験の少なさ、離職率の高さ、保育者の非正規化といった課題はあるが、それは営利法人が経営する保育所のみの課題ではなく、私営保育所全般あるいは保育所全般の課題となっていることを明らかにした。

　保育所経営への営利法人の参入の是非や今後のあり方などについて検討するにあたり、営利法人が経営する保育所の実態について実証的に分析を行ったことは、先行研究ではみられない新たな試みであり、ここに本書の意義があると思われる。

　最後に、本書を終えるにあたって、残された研究課題について3点に整理して述べていく。

　第1は、子ども・子育て関連三法に基づく新制度における営利法人の位置づけおよび実態について検討することである。2015年度から施行される新制度においては、認定こども園、幼稚園、保育所に共通の給付である「施設型給付」が創設され、財政措置が一本化されることになった。さらに、従来、認可外保育サービスとして位置づけられてきた小規模保育や家庭的保育、居宅訪問型保育、事業所内保育については、「地域型保育給付」として財政支援の対象となる。

　本書では、保育政策における営利法人の位置づけを明らかにするとともに、認可外保育施設ではなく児童福祉施設としての認可を受けている保育所への参入に焦点をあてて実態を明らかにしてきた。前述したように営利法人が経営する保育所の実態について実証的に分析を行ったことは本書の意義のひとつであり、新制度における営利法人のあり方を検討するための基礎資料となると思われる。

　しかしながら、本書はあくまでの現行の保育所制度の枠内での議論に留まっている。今後はさらに視野を広げて、新制度における営利法人の位置づけについても検討するとともに、認定こども園や小規模保育事業、家庭的保育事業、

居宅訪問型保育事業などへの営利法人の参入についても検討していく必要がある。

　第2は、営利法人が経営する保育所の実態に関する実証的研究の蓄積である。本書において実施したアンケート調査は回収率が21.2％と低く、これを営利法人が経営する保育所の実態として一般化できるか否かについては検討の余地がある。また、市区町村が経営する保育所と社会福祉法人が経営する保育所を抽出する際、営利法人の分布に合わせて都道府県レベルで層化無作為二段抽出法を用いて抽出したが、市町村レベルで抽出すれば違った結果になっていた可能性もある。さらに、このようなアンケート調査による量的調査だけではなく、インタビュー調査などを含む質的調査を実施することで、実証的研究による知見のさらなる蓄積を図っていくことが課題となる。

　第3は、営利法人が経営する保育所が提供する保育サービスの評価方法について検討することである。保育サービスの事業評価の方法には、構造評価、過程評価、結果評価がある。本書では、時間的、経費的な制約などを勘案して比較的容易に実施できる構造評価によって保育サービスの実態について経営主体間で比較検討を行った。

　構造評価により営利法人が経営する保育所の実態を実証的に検証したことには一定の意義があるが、構造評価のみで営利法人が経営する保育所が提供する保育サービスの質に問題がないとは言い切れるわけではない。第5章でみたように保育サービスの質に関するアメリカの先行研究では、構造評価と過程評価が良好であれば、結果評価も良好である可能性が高いとされているが、今後はさらに過程評価や結果評価についても検討していくことが課題となる。

　以上の課題には非常に大きな課題も含まれており、筆者の力量では解決することが困難かもしれないが、このような課題を意識しながら、今後も研究に取り組んでいきたい。

補　論

営利法人を取り巻く新たな動向

1　子ども・子育て関連三法に基づく新制度の動向

　子ども・子育て関連三法に基づく新制度においては、認定こども園、幼稚園、保育所といった教育・保育施設に共通の給付である「施設型給付」と、小規模保育、家庭的保育、居宅訪問型保育、事業所内保育といった地域型保育事業に対する給付である「地域型保育給付」が創設された。以下では、教育・保育施設と地域型保育事業における営利法人の展望について述べていく。

(1)　教育・保育施設における営利法人の展望
　2014年6月に公正取引委員会が公表した「保育分野に関する調査報告書」[1]では、営利法人の約4割が「株式会社等の営利法人であることを理由に自治体から認可を拒否されたり、事実上、株式会社等が参入不可能な条件を設定されたりすることで、参入を諦めたことがある」と回答したとの結果が示されている。一方、営利法人が設置した保育所がない市町村は、その理由として「倒産する懸念がある」(20.6％)、「提供する保育の質に懸念がある」(16.5％)と回答したとの結果が示されている。
　このように従来は営利法人による保育所の設置認可は地方自治体の裁量が大きかったが、新制度においては設置認可に係る取り扱いが変更され、地方自治体の方針如何にかかわらず、審査基準に適合している場合には営利法人であっ

たとしても認可するものとなる。これにより、従来のような状況は解消され、営利法人の参入が進む可能性がある。

ただし、報酬体系の面では私立保育所に関してはこれまでと同じように委託費が例外的に残ることになったため、営利法人が参入するインセンティブはこれまで以上には高まらない可能性がある。さらに、従来の幼保連携型認定こども園制度を廃止し、新制度において創設された新たな幼保連携型認定こども園の経営には営利法人は参入できない。

したがって、総合的にみると、営利法人の参入は、新制度の施設型給付において劇的に進む可能性は低く、待機児童が多い地域などに限定される可能性が高い。待機児童が多い地域では、後述する地域型保育事業への参入も含めると、地域の保育サービスの提供において営利法人の占める割合が高くなっていくことが考えられ、営利法人に期待される役割も大きくなっていくと思われる。

(2) 地域型保育事業における営利法人の展望
1) 地域型保育事業の創設

新たに創設された「地域型保育給付」では、①6人以上19人以下の子どもを預かり保育を行う「小規模保育」、②5人以下の子どもを預かり保育を行う「家庭的保育」、③従業員の子どものほか地域の子どもを保育する「事業所内保育」、④子どもの居宅において保育を行う「居宅訪問型保育」の4つの事業について財政支援の対象とされることになった（図補-1）。

このうち家庭的保育については「保育ママ」などの名称で地方自治体の独自の事業として実施されてきたものが、2008年の児童福祉法の改正によって法定化されているが、その他の事業については従来の保育制度の枠外であった認可外保育サービスとして実施されてきた。新制度では、このような認可外保育サービスを実施してきた事業者が地域型保育事業に移行して事業を実施することが多くなると考えられる。したがって、以下では、従来の認可外保育サービスの現状からそれぞれの事業における営利法人の展望について検討する。

○ 子ども・子育て支援新制度では，教育・保育施設を対象とする施設型給付・委託費に加え，以下の保育を市町村による認可事業（地域型保育事業）として，児童福祉法に位置付けた上で，地域型保育給付の対象とし，多様な施設や事業の中から利用者が選択できる仕組みとすることにしている。
　◇ 小規模保育（利用定員 6 人以上19人以下）
　◇ 家庭的保育（利用定員 5 人以下）
　◇ 居宅訪問型保育
　◇ 事業所内保育（主として従業員の子どものほか，地域において保育を必要とする子どもにも保育を提供）
○ 都市部では，認定こども園等を連携施設として，小規模保育等を増やすことによって，待機児童の解消を図り，人口減少地域では，隣接自治体の認定こども園等と連携しながら，小規模保育等の拠点によって，地域の子育て支援機能を維持・確保することを目指す。

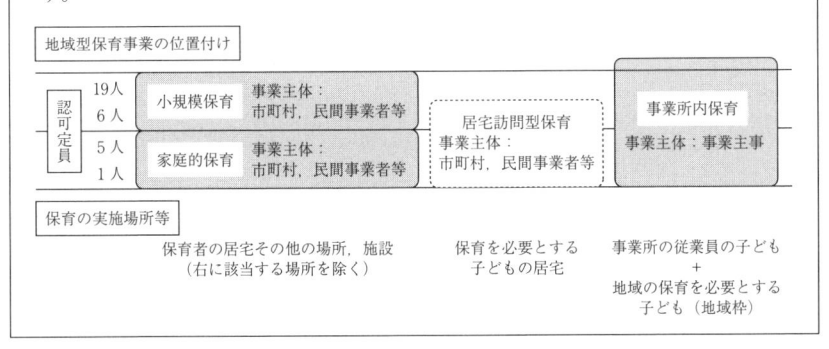

地域型保育事業の位置付け				
認可定員	19人 6人	小規模保育	事業主体：市町村，民間事業者等	居宅訪問型保育 市町村，民間事業者等	事業所内保育 事業主体：事業主事
	5人 1人	家庭的保育	事業主体：市町村，民間事業者等		
保育の実施場所等		保育者の居宅その他の場所，施設（右に該当する場所を除く）	保育を必要とする子どもの居宅	事業所の従業員の子ども ＋ 地域の保育を必要とする子ども（地域枠）

資料：内閣府資料
出所）内閣府編（2014）『少子化社会対策白書（平成26年版）』日経印刷，46頁。

図補 - 1　地域型保育事業の概要

2）認可外保育サービスの現状

　従来の認可外保育サービスは、①認可外保育施設、②事業所内保育施設、③ベビーシッターの 3 つに大きく分けられる。

　第 1 の認可外保育施設の現状について「平成24年度認可外保育施設の現況取りまとめ」（厚生労働省雇用均等・児童家庭局）からみると、2013年 3 月現在、認可外保育施設の総数は7,834か所で、前年度より95か所増加している。そのうちベビーホテルは1,818か所で、前年度より12か所減少している。また、認可外保育施設の入所児童数は20万721人で、前年度より 1 万5,762人増加している。そのうちベビーホテルの入所児童数は 3 万4,511人で、前年度より1,823人

増加している。

　さらに、認可外保育施設の設置主体について「平成21年地域児童福祉事業等調査結果の概況」(厚生労働省雇用均等・児童家庭局)からみると、ベビーホテルの設置主体は「個人」が49.3％、「会社」が41.8％、その他の認可外保育施設の設置主体は「個人」が58.7％、「会社」が23.7％となっており、認可外保育施設の設置主体は、個人と営利法人で大半を占めていることがわかる。

　第2の事業所内保育施設の現状について「平成24年度認可外保育施設の現況取りまとめ」(厚生労働省雇用均等・児童家庭局)からみると、2013年3月現在、事業所内保育施設の総数は4,349か所で、前年度より184か所増加している。そのうち院内保育施設は2,667か所で、前年度より112か所増加している。また、事業所内保育施設の入所児童数は6万5,733人で、前年度より4,282人増加している。そのうち院内保育施設の入所児童数は4万9,502人で、前年度より3,591人増加している。

　さらに、事業所内保育施設の設置主体について「平成21年地域児童福祉事業等調査結果の概況」(厚生労働省雇用均等・児童家庭局)からみると、「その他法人」が43.7％で最も多く、次いで「会社」が30.2％、「個人」が14.6％となっている。

　第3のベビーシッターの現状については、厚生労働省等の国がとりまとめたデータはないが、公益社団法人全国保育サービス協会[2]の加盟事業者リストからみると、2014年11月現在、144事業者が加盟しており、そのうち142事業者(98.6％)が営利法人となっている。また、こども未来財団によると、2014年8月現在、ベビーシッター育児支援事業[3]の割引券取扱事業者は82事業者で、そのうち79事業者(96.3％)が営利法人となっている。

3) 地域型保育事業における営利法人

　認可外保育サービスの設置主体をみると、営利法人は、ベビーホテルの約4割、その他の認可外保育施設の約2割、事業所内保育施設の約3割を占めており、ベビーシッターの事業者においても営利法人が大半を占めている。

　認可外保育サービスを実施してきた事業者が地域型保育事業に移行することが多くなることを勘案すると、新制度の地域型保育事業では、保育所の中心的

な設置主体であった社会福祉法人よりも、営利法人が中心的な役割を担っていく可能性が高い。

また、認可外保育サービスは都市部に集中していることから、地域型保育事業への営利法人の参入は都市部において進むと考えられる。つまり、地域型保育事業の創設には、①待機児童が多く、保育所等の新設が困難な都市部における保育サービスの量的拡大、②子どもの数が減少傾向にあり、保育所等の施設の維持が困難な過疎地域における保育サービスの確保という2つの意図があるが、営利法人が担っていく可能性が高いのは前者のほうである。

しかしながら、地域型保育事業については従来の保育所よりも運営や設備等の基準が低く、保育サービスの質を懸念する声も聞かれる。したがって、新たな選択肢として地域型保育事業が普及していくためには、その中心的な役割を担っていく可能性の高い営利法人の位置づけおよびそこで提供される保育サービスの質の検証を進めていくことが必要である。

2　社会福祉法人改革の動向

(1)　2000年以降の社会福祉法人をめぐる主な動向

民間の社会福祉サービスの中核を担っていた社会福祉法人に対しては、現行制度において多くの課題があるとして、営利法人の参入が認められた2000年以降も社会福祉法人制度の改革が推進されている。

2004年12月に社会保障審議会福祉部会から公表された「社会保障審議会福祉部会意見書（社会福祉法人制度の見直しについて）」では、当面行うべき社会福祉法人制度の見直しの方向性について、①公益性の追求、②安定性の確保、③経営の自律性の強化、④介護分野におけるイコールフッティングの観点からの見直しを提示したうえで、見直しの具体的内容として公益的取り組みの推進と経営の自律性の強化について述べている。

2006年8月に社会福祉法人経営研究会がとりまとめた「社会福祉法人経営の現状と課題」は、1990年代以降の大きな経営環境の変化に対応する、新たな時代における福祉経営の基本的な方向性について試論を提示した。具体的には、

①法人の参入・規模の拡大・退出等のあり方、②法人単位の資金管理、③ガバナンスの確立、経営能力の向上、④資金調達、⑤人材育成と確保の5つの課題、および新しい福祉経営に向けての行政のあり方が提示されている。

2013年8月に社会保障制度改革国民会議がとりまとめた「社会保障制度改革国民会議報告書」においても社会福祉法人制度の見直しが盛り込まれた。社会福祉法人については、「経営の合理化、近代化が必要であり、大規模化や複数法人の連携を推進していく必要がある」、「非課税扱いとされているにふさわしい、国家や地域への貢献が求められており、低所得者の住まいや生活支援などに積極的に取り組んでいくことが求められている」と述べられている。また、「ホールディングカンパニーの枠組みのような法人間の合併や権利の移転等を速やかに行うことができる道を開くための制度改正」の検討の必要性を提言している。

2014年7月に社会福祉法人の在り方等に関する検討会がとりまとめた「社会福祉法人の在り方について」では、社会福祉法人制度見直しにおける論点として、①地域における公益的な活動の推進、②法人組織の体制強化、③法人規模拡大・協働化、④法人運営の透明性の確保、⑤法人の監督の見直しの5点を提示した。

(2) 保育サービス提供における社会福祉法人の展望

このように社会福祉法人については制度改革が推進されているが、規制改革会議においても介護サービス分野や保育サービス分野におけるイコールフッティングの確立が強く主張されており、またマスコミにおいても社会福祉法人制度のあり方に対する批判が展開されている[6]。

さらに、前出の「保育分野に関する調査報告書」では、①保育の質の高低は、法人形態により決まるものではなく、個々の事業者次第であると考えられること、②保育士の人数や施設の面積等に係る基準により、法人形態を問わず必要な質は確保されていることから、一部の自治体において行われている営利法人の参入を排除する運用は、合理性に乏しいと指摘している。この指摘は、本書で示した実態調査の結果と一致しており、保育政策として保育所経営への

営利法人の参入を否定することはできないと考えられる。

　このように営利法人を含めた多様な経営主体の参入が一層推進されてきているなかで、保育サービス分野においても社会福祉法人に対する風当たりは強くなってきている。従来の社会福祉法人は、社会福祉事業を行うことをもって公益性を主張することができた。しかしながら、営利法人を含む多様な経営主体が参入できるようになった介護サービス分野や保育サービス分野などにおいては、社会福祉事業の実施のみで公益性を主張することが難しくなってきている。

　狭間（2014：25）は、「営利法人等が参入した社会福祉事業において、事業実施そのものが社会福祉法人の公益性を担保しない以上、社会福祉法人は実際の社会福祉事業運営において、他法人より優れている点を主張し、公益性の根拠とせざるを得なくなる」と指摘している。

　もちろん、従来の社会福祉法人においても個々の法人をみれば公益性の高い事業を実施してきている法人は多くあり、質の高い保育サービスを提供している社会福祉法人が経営する保育所も多くある。このような取り組みをしてきた社会福祉法人からみれば、近年の社会福祉法人に対する批判に対して抵抗感をもっている、あるいは憤りを感じている関係者も少なくないと思われる。

　しかしながら一方で、マスコミなどから批判されるような不適切な社会福祉法人が存在するのも事実であり、個々の法人の取り組みを並べるだけでは、社会福祉法人が公益性の高い事業を実施していると世論に訴えていくことは難しいと思われる。つまり、社会福祉法人の公益性の根拠については、すべての社会福祉法人に共通するものでなければならないのである。

　現行の社会福祉法人制度で、社会福祉法人の公益性の根拠を示し得ないのであれば、社会福祉法人制度の改革によってそれを担保するような新たな制度を構築していかざるを得ない。それができなければ、現行では民間での設置が学校法人、社会福祉法人に限定されている幼保連携型認定こども園についても、いずれは営利法人等の多様な経営主体の参入を認めざるを得なくなるのではないだろうか。

注
1) 本報告書は、事業者の公正かつ自由な競争を促進し、もって消費者の利益を確保することを目的とする競争政策の観点から、保育サービス分野の現状について調査・検討を行うことで競争政策上の考え方を整理し、主に①多様な事業者の新規参入が可能となる環境、②事業者が公平な条件の下で競争できる環境、③事業者が公平な条件の下で競争できる環境、④事業者の創意工夫が発揮され得る環境、が整っているかについて検討を行ったものである。
2) 社団法人全国ベビーシッター協会は、2012年4月より公益社団法人全国保育サービス協会として認定を受け、活動を行っている。
3) ベビーシッター育児支援事業は、児童手当法第20条第1項に規定する一般事業主に雇用される者の就労や延長保育を実施している保育所の職員がその事業の実施のために、ベビーシッターによる在宅保育サービス事業を行う者が提供するサービスを利用した場合に、その利用料金の一部を助成することにより、仕事と子育ての両立を支援し、もって児童の健全育成に寄与することを目的としている。なお、国庫補助金による事業である本事業は2015年3月をもって終了することになっている。
4) 「平成24年度認可外保育施設の現況取りまとめ」(厚生労働省雇用均等・児童家庭局)から都道府県・政令指定都市・中核市別の認可外保育施設、事業所内保育施設の施設数をみると、東京都および政令指定都市、中核市で、認可外保育施設は53.5％、事業所内保育施設は41.3％を占めている。また、公益社団法人全国保育サービス協会の加盟事業者リストをみると、事業所の所在地が東京都および政令指定都市、中核市であるのは85.4％となっている。
5) 本報告書は、社会福祉法人経営研究会において、全国社会福祉施設経営者協議会の役員等、厚生労働省社会・援護局の職員、学識経験者等が、それぞれの立場にとらわれず、社会福祉法人経営のあり方について自由闊達に議論を行った内容をまとめたものである。
6) たとえば、朝日新聞は、2014年5月から開始した「報われぬ国 第2部」において、「社福利権飛び交う金」(2014年5月19日朝刊)、「ワンマン理事長 "暴走"」(2014年5月26日朝刊)、「社福、親族企業に利益」(2014年6月2日朝刊)、「社福の公私混同横行」(2014年6月2日朝刊)、「認可保育園 社福が独占」(2014年8月3日朝刊)など、社会福祉法人に対する厳しい批判を展開している。

文　献

秋田喜代美・箕輪潤子・高櫻綾子（2008）「保育の質研究の展望と課題」『東京大学大学院教育学研究科紀要』47、289-305.

秋山智久（1978）「戦後における公私責任分離と民間社会福祉の成立―占領期の厚生行政資料と関連法規より」日本基督教社会福祉学会・日本基督教社会事業同盟編『キリスト教社会福祉概説』日本基督教団出版局、310-317.

Arnett, J. (1989) Caregivers in Day-Care Center: Does Training Matter?, *JOURNAL OF APPLIED DEVELOPMENTAL PSYCHOLOGY*, 10, 541-552.

浅井春夫（1999）「社会福祉基礎構造改革の構図と保育制度―保育制度の再改定が射程にはいった社会福祉事業法『改正』―」『保育情報』268、11-15.

ベネッセ教育総合研究所・次世代育成研究室（2013）『第2回教育・保育についての基本調査ダイジェスト』ベネッセ教育総合研究所.

Berk, L. E. (1985) Relationship of Caregiver Education to Child-Oriented Attitudes, Job Satisfaction, and Behaviors Toward Children, *Child Care Quarterly*, 14 (2).

Donabedian A. (1980) *Exploration Quality Assessment and Monitoring: Definition of quality and approaches to its assessment.*, Health Administration Press.

堂本暁子編（1981）『ベビーホテルに関する総合調査報告』晩聲社.

合田千里（1999）「保育所への民間企業参入の問題点」『保育情報』268、16-20.

Harms, T., Cryer, D. and Clifford, R. M. (1998) *EARLY CHILDHOOD ENVIROMENT RATEIG SCALE, Revised Edition*, Teachers College Press.（＝2008、埋橋玲子訳『保育環境評価スケール①幼児版（改訂版）』法律文化社.）

Harms, T., Cryer, D. and Clifford, R. M. (2003) *INFANT/TODDLER ENVIROMENT RATEIG SCALE, Revised Edition*, Teachers College Press.（＝2009、埋橋玲子訳『保育環境評価スケール②乳児版（改訂版）』法律文化社.）

狹間直樹（2014）「これからの社会福祉法人の公益性」『月刊福祉』97 (14)、23-27.

平岡公一（2005）「介護保険サービスに関する評価研究の動向と課題」『老年社会科学』27 (1)、65-73.

保育行財政研究会編著（2000）『公立保育所の民営化』自治体研究社.

保育行財政研究会編著（2001）『保育所への企業参入―どこが問題か―』自治体研究社.

「保育内容等の評価についての研究」委員会編（1995）『「保育内容等の自己評価」のためのチェックリスト園長（所長）篇』全国社会福祉協議会.

『保育士のための自己評価チェックリスト』編纂委員会編（2004）『保育士のための自己

評価チェックリスト』萌文書林.
「保育所の自己点検評価基準に関する調査研究」研究員編（1996）『「保育内容等の自己評価」のためのチェックリスト保母篇』全国社会福祉協議会.
堀勝洋（1986）「社会福祉における公私の役割 上」『月刊福祉』69（10）、80-99.
Howes, C（1983）Caregiver Behavior in Center and Family Day Care, *JOURNAL OF APPLIED DEVELOPMENTAL PSYCHOLOGY*, 4, 99-107.
井上寿美（2001）「民間企業が運営する認可保育所誕生」『月刊はらっぱ』211、18-21.
伊藤千江子（1981）「ベビーホテル問題の背景と対策」『時の法令』1122、21-23.
児童福祉法研究会（1978）『児童福祉法制定資料集成上巻』ドメス出版.
児童福祉法研究会（1979）『児童福祉法制定資料集成下巻』ドメス出版.
門田理世（2011）「保育の質を確認するまなざし―SICS『子どもの経験から振り返る保育プロセス』から―」『保育学研究』49（3）、95-98.
垣内国光（1981）「深刻な『ベビーホテル』の実態と解決の途―資本主義的無政府性と民主的規制下の社会化―」『賃金と社会保障』820、6-16.
垣内国光（1982）「厚生省のベビーホテル対策の問題点―ベビーホテル対策の名による『保育水準低下』政策―」『保育情報』61、36-44.
垣内国光（1999）「企業参入で公共性、純粋性はどうなる？」『住民と自治』440、23-26.
垣内国光（2000）「大和市ベビーホテル虐待死事件と保育の公的責任」『保育情報』282、4-10.
神部智司（2007）「高齢者福祉サービスの利用者満足度評価に関する実証的研究の動向」『生活科学研究誌』（大阪市立大学）6、151-162.
柏女霊峰（2001）『養護と保育の視点から考える』中央法規.
柏女霊峰（2006）『子ども家庭福祉・保育のあたらしい世界』生活書院.
柏女霊峰（2008）『子ども家庭福祉サービスの供給体制』中央法規.
柏女霊峰（2011）『子ども家庭福祉・保育の幕開け』誠信書房.
川嶋三郎（1951）『児童福祉法の解説』中央社会福祉協議会.
茅原聖治（2000）「「社会福祉基礎構造改革」の経済学的考察―主として社会福祉サービスへの市場原理導入について」『社会福祉研究』78、104-110.
小室豊允（2000a）『競争の時代を勝ち抜く実践的保育所経営論』全国保育協議会.
小室豊允（2000b）『選択の時代を勝ち抜く福祉マーケティング』筒井書房.
小室豊允（2001）『福祉施設の経営改善とリスクマネジメント』筒井書房.
厚生労働省大臣官房統計情報部社会統計課編『平成14年社会福祉施設等名簿』厚生統計協会.
厚生労働省大臣官房統計情報部社会統計課編『平成17年社会福祉施設等名簿（CD版）』厚生統計協会.

文　献

厚生労働省大臣官房統計情報部社会統計課編『平成19年社会福祉施設等名簿（CD版）』厚生統計協会.
厚生省（1971）『厚生白書　昭和46年版』大蔵省印刷局.
丸山裕美子（2011）「保育所が最もふさわしい生活の場となるために―保育所版第三者評価基準の改正―」『月刊福祉』94（7）、20-25.
松崎芳伸（1947）『児童福祉法』加藤文明社.
森田明美（1981）「ベビーホテルの実態報告」『保育政策研究』2、104-110.
森田明美（1996）「現代の子育て問題と『子育て支援』政策に関する一考察」『東洋大学児童相談研究』15、85-107.
村山祐一（2001）「政府の『規制緩和・改革』政策と保育所政策の課題（その2）」『保育情報』292、30-40.
室崎生子（1979）「個人経営無認可保育所の実態―京都での調査から」全国保育団体連絡会編『保育白書1979年版』草土文化、128-134.
内閣府国民生活局物価政策課（2003）『保育サービス市場の現状と課題―「保育サービス価格に関する研究会」報告書―』
中田照子（1982）「住民生活とベビーホテル問題―ベビーホテルと『延長』『夜間』保育制度の問題点―」『社会福祉学』23（1）、21-55.
日本保育協会（2012）『保育所運営の実態とあり方に関する調査研究報告書―人材育成について―（平成23年度）』日本保育協会.
岡田進一（1999）「ケアサービスの質のとらえ方とサービス評価の考え方」『トータルケアマネジメント』4（3）、33-37.
大宮勇雄（2006）『保育の質を高める』ひとなる書房.
佐橋克彦（2006）『福祉サービスの準市場化』ミネルヴァ書房.
櫻井慶一（1980）「東京都無認可保育施設に関する一考察―ベビーホテルを中心に―」『研究紀要』東京都専修学校各種学校協会、209-219.
櫻井慶一（1989）『地域における保育制度の形成と展開』マルワ印刷.
Salzer, M. S., Nixon, C. T., Schut, L. J., and Karver, M. S., Bickman, L. (1997) Validating quality indicators. Quality as relationship between structure, process, and outcome, *Evaluation Review*, 21 (3), 292-309.
澤村直（2013）「保育者の労働実態」全国保育団体連絡会・保育研究所編『保育白書2013』ひとなる書房、68-69.
瀬谷道子（1980）「乱立するベビーホテルの実態」『現代と保育』7、117-123.
重田信一・谷田勝彦・手塚やえ・川合月海編（1971）『保育百問百答―保育所運営の理論と実際―』日本保育協会.
冷水豊（2005）「高齢者保健福祉サービス評価研究の動向と課題」『老年社会科学』27（1）、55-63.

清水谷諭・野口晴子（2004）『介護・保育サービス市場の経済分析』東洋経済.
清水谷諭・野口晴子（2005）「沖縄県における保育サービスの質及び供給効率性の定量的評価：ミクロデータによる検証」『経済分析』内閣府経済社会総合研究所、177、23-45.
白石小百合・鈴木亘（2003）「経営主体別にみた保育サービスの質：認可・認可外保育所の比較分析」八代尚宏・日本経済研究センター編著『社会保障改革の経済学』東洋経済新報社、149-170.
菅原ますみ（2009）「NICHD研究の成果を学ぶために」日本子ども学会編『保育の質と子どもの発達　アメリカ国立小児保健・人間発達研究所の長期追跡研究から』赤ちゃんとママ社、58-63.
杉本敏雄（1982）「事業所内保育施設の動向」『保育年報1982年版』全国保育協議会、49-52.
炭谷茂編著（2003）『社会福祉基礎構造改革の視座』ぎょうせい.
諏訪きぬ（1982）「ベビーホテル対策、その後」『保育問題研究』81、154-158.
社会福祉法人経営研究会編（2006）『社会福祉法人経営の現状と課題』全国社会福祉協議会.
社会福祉法令研究会編（2001）『社会福祉法の解説』中央法規.
社会経済生産性本部（2002）『発生主義を用いた地方自治体サービスのフルコストの分析：保育所・学校給食・公営住宅・介護保険在宅訪問サービス：調査結果報告書』社会経済生産性本部.
高田浩運（1957）『児童福祉法の解説』時事通信社.
高田正巳（1951）『児童福祉法の解説と運用』時事通信社.
田村和之（2000）「社会福祉事業法など8法改正案と保育所への営利企業の参入」『保育情報』280、6-8.
田村和之（2003）「保育所の『規制緩和』」『賃金と社会保障』1344、26-30.
田辺敦子（1997）「無認可保育施設の現状と課題」日本保育学会編『わが国における保育の課題と展望』世界文化社、80-90.
寺脇隆夫（1996）『続　児童福祉法成立資料集成』ドメス出版.
寺脇隆夫（1997）「児童福祉法成立過程における保育所規定の検討―50年前の児童福祉法は保育所を救貧的施設として位置付けたか―」『保育の研究』15、保育研究所、16-46.
塚田和子（2006）「株式会社が運営する保育所で子育てしやすい社会実現に対応」『商工ジャーナル』373、25-27.
植山つる（1963）「保育行政」厚生省児童局企画課編『児童福祉行政講義録』日本児童福祉協会、192-206.
埋橋玲子（2008a）「『保育環境評価スケール』（Tハームス他著）にみる『保育の質』の

評価」『保育学研究』46（2）、226-229.
埋橋玲子（2008b）「『保育環境評価スケール』を日本語に訳した理由―保育の質と保育者の専門性・社会的地位の向上を求めて」『季刊保育問題研究』229、30-48.
若林俊郎（2012）「営利企業による保育所経営、運営受託の実態」全国保育団体連絡会・保育研究所編『保育白書2012』ひとなる書房、67-69.
若林俊郎（2013）「営利企業による保育所経営、運営受託の実態」全国保育団体連絡会・保育研究所編『保育白書2013』ひとなる書房、66-67.
渡部律子（2005）「社会福祉実践における評価の視点―実践を科学化するためには―」『社会福祉研究』92、20-29.
山田恵子（2002）「サービス評価とは何か」小笠原祐次編著『介護老人福祉施設の生活援助―利用者本位の『アセスメント』「ケアプラン」「サービス評価」―』ミネルヴァ書房、116-136.
山縣文治（1983a）「ベビーホテル対策をめぐる評価―夜間保育を中心として―」『社会福祉学』24（2）、127-152.
山縣文治（1983b）「乳児院の新しい動き―330号通知をめぐって」『社会福祉論集』19・20、77-79.
山縣文治（1985）「今日における保育問題―夜間保育所をとおして考える―」大阪市立大学社会福祉研究室三十周年記念論文集編集委員会編『大阪市立大学社会福祉学研究室三十周年記念論文集』海声社、156-176.
山縣文治（2001）「ベビーホテルと児童相談所・福祉事務所」櫻井慶一編『ベビーホテル』至文堂、181-192.
山縣文治（2002）『現代保育論』ミネルヴァ書房.
八代尚宏（2001）「福祉の市場にイコールフィッテングを」『法律文化』207、18-21.
全国ベビーシッター協会（2009）「ベビーシッター利用ガイド」全国ベビーシッター協会 http://www.acsa.jp/images/userguide2009.pdf.
全国保育団体連絡会・保育研究所編（2002）『保育白書2002』草土文化.
全国社会福祉協議会（2009）『「機能面に着目した保育所の環境・空間に係る研究事業」総合報告書』全国社会福祉協議会.
全国社会福祉協議会編（2011）『保育の評価のすすめ〜福祉サービス第三者評価基準ガイドライン（保育所版）の更新を踏まえて』全国社会福祉協議会.

参考資料

保育所の実態とあり方に関する調査

2012年12月

関西大学人間健康学部
石田　慎二

調査のお願い

　現在、待機児童の解消のために都市部を中心として保育の量的拡大は急務となっていますが、そのために保育サービスの質が低下することはかえって子どもにとって有害であるということがOECD報告書においても指摘されています。したがって、保育の量的拡大とともに、保育の質を維持・向上させていくことが必要とされています。また、近年、地域の子ども・子育て支援に対する保育所の役割への期待も高まってきています。

　本調査は、保育の質と密接に関係があるとされている保育の条件面の現状、および保護者に対する支援、地域の子ども・子育て支援の取り組みの実態を把握することによって、よりよい保育所運営のあり方、保育制度のあり方について検討することを目的として実施するものです。

　なお、本調査は、『平成19年度　社会福祉施設等名簿』（厚生労働省大臣官房統計情報部社会統計課編）において、運営主体に「市区町村」、「社会福祉法人」と記載されている保育所から無作為に抽出した保育所、および「営利」と記載されているすべての保育所に対して調査票を送付いたしております。

　ご記入いただいた内容は統計的な処理を行いますので、個々の回答が特定されることはありません。また、この調査結果を調査の目的以外に使用することはありません。

　誠にお忙しいところとは存じますが、調査の趣旨をおくみとりの上、ご協力方、よろしくお願いいたします。

ご記入にあたってのお願い

1. 本調査は、<u>園長等の保育所の運営全体を把握している方</u>がご回答くださいますようお願いいたします。
2. 回答は、選択肢の中からあてはまるものを選び、その番号に○をつけるものが中心となります。質問文の中で「あてはまるもの1つに」または「あてはまるものすべて」等の指示がありますので、指示に従って○をつけてください。
3. ご記入された調査票は、<u>2013年1月25日（金）</u>までに同封の返信用封筒に三つ折りにして封入しご投函ください。
4. <u>本調査の結果については報告書にまとめる予定にしています。</u>報告書をご希望の方は、別紙に保育所名、住所をご記入のうえ、調査票とともにご返送ください。
5. <u>本調査をもとにインタビュー調査を予定しています。</u>ご協力いただける方は、別紙に保育所名、住所、連絡先、ご担当者名をご記入のうえ、調査票とともにご返送ください。

本調査について、ご不明な点等がございましたら、下記までご連絡ください。
【問い合わせ先】
〒590-8515　大阪府堺市堺区香ヶ丘1-11-1
　　　　　関西大学人間健康学部　石田　慎二（いしだ　しんじ）
電話　　072-229-5347（ダイヤルイン）
e-mail　s-ishida@kansai-u.ac.jp

＊電話は通じにくい場合があります。e-mailにご連絡いただきますと、後日こちらのほうから連絡いたします。

Ⅰ．貴保育所についてお尋ねします。

問1　貴保育所の所在する都道府県・市町村をご記入ください。
　　　都道府県名（　　　　　　　）　市区町村名（　　　　　　）

問2　貴保育所の設置主体について、あてはまるもの1つに○をつけてください。
　1．市町村（特別区含む）
　2．社会福祉法人
　3．営利法人（株式会社等）
　4．その他（具体的にお書きください：　　　　　　　）

問3　貴保育所の運営主体について、あてはまるもの1つに○をつけてください。
　1．市町村（特別区含む）
　2．社会福祉法人
　3．営利法人（株式会社等）
　4．その他（具体的にお書きください：　　　　　　　）

問4　貴保育所の定員数と在所児童数（2012年10月1日現在）をご記入ください。
　　　定員　　（　　　）人　　在所児童数（　　　）人

問5　貴保育所において受け入れている子どもの年齢についてお尋ねします。それぞれの年齢について、あてはまるもの1つに○をつけてください。
　　　また、受け入れている場合は、在所児童数（2012年10月1日現在）もご記入ください。

0歳児	1．受け入れていない	2．受け入れている	→	在所児童数（　　　）人
1歳児	1．受け入れていない	2．受け入れている	→	在所児童数（　　　）人
2歳児	1．受け入れていない	2．受け入れている	→	在所児童数（　　　）人
3歳児	1．受け入れていない	2．受け入れている	→	在所児童数（　　　）人
4歳児	1．受け入れていない	2．受け入れている	→	在所児童数（　　　）人
5歳児	1．受け入れていない	2．受け入れている	→	在所児童数（　　　）人

参考資料

問6 貴保育所の開所・閉所時間（延長保育含む）をご記入ください（土日祝日で変わる場合は平日の開所・閉所時間をご記入ください）。
（例）午前7時から午後6時半の場合　　開所　7:00　～　閉所　18:30
　　　24時間保育をしている場合　　　　開所　0:00　～　閉所　24:00

　　　開所　　：　　　～　閉所　　：

問7 貴保育所の保育室の合計面積をご記入ください（分園がある場合にはそれらの分も合計してご記入ください）。
　　保育室の合計面積　_____㎡

問8 貴保育所には野外遊戯場（園庭、運動場）はありますか（代替する近くの公園等は含まない）。あてはまるもの1つに○をつけてください。
　　また、ある場合は、その合計面積をご記入ください（分園がある場合にはそれらの分も合計してご記入ください）。

　1．ある　→　合計面積　_____㎡
　2．ない

問9 貴保育所で実施している事業についてお尋ねします。それぞれの事業について、あてはまるもの1つに○をつけてください。
　1）休日保育　　　　　　　　　　　1．実施している　　2．実施していない
　2）夜間保育（22時以降の保育）　　1．実施している　　2．実施していない
　3）障害児保育　　　　　　　　　　1．実施している　　2．実施していない
　4）病児保育　　　　　　　　　　　1．実施している　　2．実施していない
　5）病後児保育　　　　　　　　　　1．実施している　　2．実施していない

問10 貴保育所の運営主体（法人）について、あてはまるもの1つに○をつけてください。
　1．貴保育所以外の事業も運営している　→問11へ
　2．貴保育所のみを運営している　　　　→問12へ

問11 問10で「貴保育所以外の事業も運営している」と回答された方にお尋ねします。
　　貴保育所の運営主体（法人）が、貴保育所以外に運営している事業について、あてはまるものすべてに○をつけてください。
　1．認可保育所
　2．認可外保育サービス
　3．学童保育
　4．その他（具体的にお書きください：　　　　　　　　　　　　　　）

問12 貴保育所は福祉サービス第三者評価事業による評価を受けたことがありますか。あてはまるもの1つに○をつけてください。
　1．受けたことがある
　2．受けたことがない

問13　貴保育所の保育者の人数、保育士有資格者の人数、年齢構成について、勤務形態別に下の表に人数をご記入ください（分園がある場合は分園の人数も含めてご記入ください）。

> ★勤務形態は、下記の定義でお考えください。
> ・「常勤保育者」　　　・・・正式に雇われ、俸給をもらっている保育者（無資格者含む。）
> ・「非常勤保育者」　　・・・「常勤保育士」ではないが、1日実労時間6時間以上、月20日以上勤務の保育者（無資格者含む）。
> ・「短時間勤務保育者」・・・1日実労時間6時間未満または月20日未満勤務の保育者（無資格者含む）。

勤務形態	人数	保育士有資格者の人数	20歳代	30歳代	40歳代	50歳代	60歳代以上
常勤保育者	人	人	人	人	人	人	人
非常勤保育者	人	人	人	人	人	人	人
短時間勤務保育者	人	人	人	人	人	人	人

問14　貴保育所の保育者の勤続年数について、勤務形態別に下の表に人数をご記入ください（分園がある場合は分園の人数も含めてご記入ください）。

勤務形態	1年未満	1年～3年未満	3年～5年未満	5年～10年未満	10年以上
常勤保育者	人	人	人	人	人
非常勤保育者	人	人	人	人	人
短時間勤務保育者	人	人	人	人	人

問15　貴保育所の2009年度～2011年度の退職者数をご記入ください（分園がある場合は分園の人数も含めてご記入ください）。

勤務形態	2009年度	2010年度	2011年度
常勤保育士	人	人	人
非常勤保育士	人	人	人
短時間勤務保育士	人	人	人

参考資料

問16 貴保育所におけるクラス編成について、あてはまるもの<u>1つに</u>○をつけてください。
 1．年齢別でクラスを構成している　→<u>問17へ</u>
 2．一部または全部の年齢で異年齢児クラスを構成している　→<u>問18へ</u>

問17 <u>問16で「年齢別でクラスを構成している」と回答された方にお尋ねします。</u>
 <u>1クラスあたり</u>の子どもの人数と保育者の人数をご記入ください。受け入れをしていない子どもの年齢の欄は斜線を記入してください。

	0歳児	1歳児	2歳児	3歳児	4歳児	5歳児
1クラスあたりの子どもの人数	人	人	人	人	人	人
1クラスあたりの保育者の人数	人	人	人	人	人	人

問18 <u>問16で「一部または全部の年齢で異年齢児クラスを構成している」と回答された方にお尋ねします。</u>記入例を参考にして、<u>1クラスあたり</u>の子どもの人数と保育者の人数をご記入ください。受け入れをしていない子どもの年齢の欄は斜線を記入してください。

（記入例）0歳児の受け入れをしていなくて、3～5歳児の異年齢クラスの場合

	0歳児	1歳児	2歳児	3歳児	4歳児	5歳児
1クラスあたりの子どもの人数	/	12	12	5	10	10
1クラスあたりの保育者の人数	/	3	2	1		

	0歳児	1歳児	2歳児	3歳児	4歳児	5歳児
1クラスあたりの子どもの人数						
1クラスあたりの保育者の人数						

問19 貴保育所における職員研修についてお尋ねします。それぞれの項目について、あてはまるもの<u>1つに</u>○をつけてください。
 1）新規採用時の研修を実施している　　　　　　　1．はい　　2．いいえ
 2）職員同士で勉強会等を行っている　　　　　　　1．はい　　2．いいえ
 3）外部から講師等を招いて勉強会等を行っている　1．はい　　2．いいえ
 4）外部の研修等への派遣を行っている　　　　　　1．はい　　2．いいえ
 5）職員の自己啓発を支援する制度がある　　　　　1．はい　　2．いいえ

Ⅱ．貴保育所で実施している保護者に対する支援の取り組みについてお尋ねします。

問20　貴保育所において保育内容等を保護者と共有するための取り組み状況についてお尋ねします。
　　　それぞれの取り組みについて、あてはまるもの1つに○をつけてください。
　1）保育理念・基本方針の配布　　　　1．実施している　　2．実施していない
　2）園だより等の配布　　　　　　　　1．実施している　　2．実施していない
　3）連絡帳による情報交換　　　　　　1．実施している　　2．実施していない
　4）保護者懇談会　　　　　　　　　　1．実施している　　2．実施していない
　5）保護者の保育参加　　　　　　　　1．実施している　　2．実施していない
　6）保護者会　　　　　　　　　　　　1．組織されている　2．組織されていない

★上記以外の取り組みを行っている場合は、下記にご記入ください。

　　┌───┐
　　│　　　　　　　　　　　　　　　　　　　　　　　　　　　　　　　　　　　　│
　　│　　　　　　　　　　　　　　　　　　　　　　　　　　　　　　　　　　　　│
　　│　　　　　　　　　　　　　　　　　　　　　　　　　　　　　　　　　　　　│
　　└───┘

問21　貴保育所では苦情解決のための取り組みを行っていますか。あてはまるもの1つに○をつけて
　　　ください。
　1．行っている　　→問22へ
　2．行っていない　→問23へ

問22　問21で「行っている」と回答された方にお尋ねします。具体的に行っている取り組みについて、
　　　あてはまるものすべてに○をつけてください。
　1．苦情受付窓口を設置
　2．苦情解決責任者を設置
　3．単独で第三者委員を設置
　4．共同で第三者委員を設置
　5．その他（具体的にお書きください：　　　　　　　　　　　　）

参考資料

Ⅲ. 貴保育所で実施している地域の子ども・子育て支援の取り組み（通所している子どもとその保護者以外を対象とした取り組み）についてお尋ねします。

問23　貴保育所で実施している地域の子ども・子育て支援の取り組みについてお尋ねします。それぞれの事業について、あてはまるもの1つに○をつけてください。
　　1）地域子育て拠点事業　　1．実施している　　2．実施していない
　　2）一時預かり　　　　　　1．実施している　　2．実施していない
　　3）子育て相談　　　　　　1．実施している　　2．実施していない
　　4）園庭開放　　　　　　　1．実施している　　2．実施していない
　　5）保育室開放　　　　　　1．実施している　　2．実施していない
　　6）子育てサークルの支援　1．実施している　　2．実施していない

★上記以外の取り組みを行っている場合は、下記にご記入ください。

```
　　　　　　　　　　　　　　　　　　　　　　　　　　　　　　　　
　　　　　　　　　　　　　　　　　　　　　　　　　　　　　　　　
　　　　　　　　　　　　　　　　　　　　　　　　　　　　　　　　
```

問24　問23で園庭開放を「実施している」と回答された方にお尋ねします。園庭開放の実施頻度について、年・月・週のいずれかに○をつけたうえで、具体的な回数をご記入ください。

　　　年・月・週　（　　　）回

問25　問23で保育室開放を「実施している」と回答された方にお尋ねします。保育室開放の実施頻度について、年・月・週のいずれかに○をつけたうえで、具体的な回数をご記入ください。

　　　年・月・週　（　　　）回

問26　貴保育所は、要保護児童対策地域協議会に参画したことがありますか。あてはまるもの1つに○をつけてください。
　　1．参画したことがある
　　2．参画したことがない
　　3．要保護児童対策地域協議会がまだ地域にない

問27 貴保育所において保育、保護者支援、地域の子ども・子育て支援などを行っていくにあたって、この1年間（2012年1月～2012年12月）に連携したことがある施設・機関等についてお尋ねします。それぞれの施設・機関について、あてはまるもの1つに〇をつけてください。

1) 児童相談所　　　　　　　　　1．連携したことがある　　2．連携したことがない
2) 市町村の関係部署　　　　　　1．連携したことがある　　2．連携したことがない
3) 保健所・保健センター　　　　1．連携したことがある　　2．連携したことがない
4) 医療機関　　　　　　　　　　1．連携したことがある　　2．連携したことがない
5) 認可保育所　　　　　　　　　1．連携したことがある　　2．連携したことがない
6) 認可外保育施設　　　　　　　1．連携したことがある　　2．連携したことがない
7) 幼稚園　　　　　　　　　　　1．連携したことがある　　2．連携したことがない
8) 小学校　　　　　　　　　　　1．連携したことがある　　2．連携したことがない
9) 社会福祉協議会　　　　　　　1．連携したことがある　　2．連携したことがない
10) 民生委員・児童委員　　　　　1．連携したことがある　　2．連携したことがない
11) 自治会　　　　　　　　　　　1．連携したことがある　　2．連携したことがない

★上記以外で連携したことがある機関・施設等があれば、下記にご記入ください。

| |
| |

Ⅳ．あなた（回答者）自身のことについてお尋ねします。

問28　あなたの性別について、あてはまるもの1つに〇をつけてください。
1．男性
2．女性

問29　あなたの年齢について、あてはまるもの1つに〇をつけてください。
1．20歳代　　2．30歳代　　3．40歳代　　4．50歳代　　5．60歳代以上

問30　あなたの職位について、あてはまるもの1つに〇をつけてください。
1．園長（所長、施設長）
2．副園長（副所長、副施設長）
3．主任保育士
4．その他（具体的にご記入ください：　　　　　　　　　）

ご協力ありがとうございました。

あとがき

　本書は、同志社大学大学院社会学研究科社会福祉学専攻に提出した博士学位請求論文「営利法人に対する保育政策に関する研究―保育サービスの実態の比較検討を通して―」に加筆修正を加えたものである。

　学位論文の作成にあたり、主査の埋橋孝文先生には丁寧なご指導と多くの励ましをいただいた。また、副査の労をおとりくださった上野谷加代子先生、学外副査を務めてくださった関西大学の山縣文治先生からは、今後の研究を見据えた貴重な意見をいただいた。心よりお礼申し上げたい。

　埋橋ゼミでは、埋橋先生だけでなく、他の院生からも有益な意見をもらうことができた。また、他の院生の報告やそれに対するコメントを聞くことで学位論文の執筆をどのように進めていくべきかということを学ぶとともに、刺激やエネルギーを得ることができた。心より感謝したい。さらに、お忙しいなか、本書の調査にご協力くださった保育所の方々にも厚くお礼申し上げたい。

　筆者は、大学院の修士課程から保育サービス提供を含めた社会福祉サービス提供における民間部門の役割、とくに「社会福祉法人の存在意義や独自性とは何か」ということに関心を持って研究を進めてきた。研究を進めていくなかで、社会福祉法人の存在意義や独自性を追求していくためには、社会福祉法人の実態や社会福祉法人制度のあり方のみを議論するのではなく、営利法人の参入についても検討する必要があるのではないかと思い、営利法人に焦点を当てて研究を進めるようになった。

　その意味で本書の研究は大学院の修士課程から始まっていたと言える。大学院の修士課程を過ごした大阪市立大学社会福祉学研究室では、秋山智久先生（現・東京福祉大学）のご指導のもと、アットホームで自由な雰囲気のなかで、よき友人、先輩、後輩に囲まれて研究させていただいた。この研究室で学んだことは、筆者の研究活動、教育活動にとって貴重な財産となっている。修士課程修了後も含めて温かい助言と励ましをいただいたことに心より感謝したい。

さらに、筆者の大学院の修士課程への進学について理解、支援をしてくれた母親、そしていつも研究活動を支えてくれた妻の静乃に感謝したい。
　最後に、本研究の意義に理解を寄せていただき、本書を出版する機会を与えてくださった法律文化社の編集部の方々、出版にあたって丁寧な編集作業をしていただいた小西英央氏に、心より感謝申し上げます。

　　　2015年3月

　　　　　　　　　　　　　　　　　　　　　　　　　　石田慎二

索　引

あ　行

ECERS　96, 98
イコールフッティング　65, 66, 167, 168
駅型保育試行事業　58, 70
SICS　98, 101
NICHD　91, 99
延長保育　148
応諾義務　82

か　行

介護サービス施設・事業所調査　6
介護保険制度　82
介護保険法　6
家庭的保育　79, 164
過程評価　97
規制改革　1, 11, 61, 155
　——委員会　61, 65, 149
　——会議　84
規制緩和委員会　61
居宅訪問型保育　79, 164
緊急保育対策等5か年事業　63
結果評価　98
憲法第89条　29
公益性　169
公正取引委員会　163
構造評価　97, 121
個人給付　84
子ども・子育て関連三法　7, 19, 76, 78, 82, 163
子ども・子育て支援事業計画　151
子ども・子育て新システム検討会議　76
子どものための教育・保育給付の支給認定　81

さ　行

参入規制　71
事業者補助制度　7
事業所内保育　79, 164
　——施設　43, 44, 166
事業評価　89, 94, 99
自己評価　93, 94
施設型給付　78, 84
児童福祉施設　23
　——最低基準　40, 42, 44, 54, 59, 75
　——の設備及び運営に関する基準　6, 75, 141-143
児童福祉法　26, 119
社会福祉基礎構造改革　1, 11, 59, 92, 155
社会福祉事業法　28
社会福祉施設等調査報告　2
社会福祉法　92, 121
社会福祉法人　28, 30, 64
　——改革　167
　——経営研究会　149, 167
　——の在り方等に関する検討会　168
社会保障審議会少子化対策特別部会　76
社会保障審議会福祉部会　167
社会保障制度改革国民会議　168
準市場　10
障害児保育　117, 138, 148
小規模保育　79, 164
少子化対策　63, 154
新経済7カ年計画　46
スケールメリット　116
政策評価　89, 100

189

た 行

待機児童　4, 7, 63, 149, 164
第三者評価事業　89, 92, 93
第二種社会福祉事業　28, 30
第二次臨時行政調査会　47
ダブルスタンダード　54, 70
地域型保育給付　78, 164
地域型保育事業　164, 166
地域子育て支援　121, 135, 138, 149
直接契約　82
ドナベディアン　90

な 行

認可外保育サービス　14, 165
認可外保育施設　32, 45, 166
　──に対する指導監督基準　39, 40, 45, 53, 54
認定こども園　78, 82

は 行

福祉見直し　46
ベビーシッター　166
ベビーホテル　32, 36, 38, 40

　──実態調査　38
　──対策　10, 15, 37, 39, 40, 45
保育士等処遇改善臨時特例事業　152
保育者の非正規化　144
保育条件　120, 122
保育所運営費　7, 18, 151
保育所の設置認可等について　1, 8, 64, 75, 154
保育所保育指針　120, 121
保育所法案要綱案　25, 31
法定代理受領　82, 84
保護者支援　121, 135

や 行

幼稚園　78
要保護児童対策地域協議会　120
幼保連携型認定こども園　80, 82, 169

ら 行

離職率　125, 139
利用者補助制度　7
利用者満足度　99
臨床評価　89, 100

■著者紹介

石田　慎二（いしだ・しんじ）

1975年　大阪府生まれ
1998年　大阪市立大学生活科学部人間福祉学科　卒業
2000年　大阪市立大学大学院生活科学研究科人間福祉学専攻前期博士課程　修了
　　　　修士（学術）
2014年　同志社大学大学院社会学研究科社会福祉学専攻博士課程（後期課程）修了
　　　　博士（社会福祉学）

現　在　帝塚山大学現代生活学部こども学科准教授

主　著　『保育士養成テキスト① 社会福祉』ミネルヴァ書房、2008年（共編著）
　　　　『新・プリマーズ／保育／福祉　社会福祉』ミネルヴァ書房、2010年（共編著）

Horitsu Bunka Sha

保育所経営への営利法人の参入
――実態の検証と展望

2015年4月1日　初版第1刷発行

著　者　石田慎二
発行者　田靡純子
発行所　株式会社 法律文化社

〒603-8053
京都市北区上賀茂岩ヶ垣内町71
電話 075(791)7131　FAX 075(721)8400
http://www.hou-bun.com/

＊乱丁など不良本がありましたら、ご連絡ください。
　お取り替えいたします。

印刷：中村印刷㈱／製本：㈱藤沢製本
装幀：石井きよ子
ISBN 978-4-589-03676-6
©2015 Shinji Ishida Printed in Japan

JCOPY 〈(社)出版者著作権管理機構 委託出版物〉

本書の無断複写は著作権法上での例外を除き禁じられています。複写される
場合は、そのつど事前に、(社)出版者著作権管理機構（電話 03-3513-6969、
FAX 03-3513-6979、e-mail: info@jcopy.or.jp）の許諾を得てください。

椋野美智子・藪長千乃編著
世界の保育保障
―幼保一体改革への示唆―
A5判・254頁・2500円

ポスト工業社会の中、子ども・子育て支援政策の充実への要請は世界的な趨勢となっていることをふまえ、フランス、デンマークをはじめ主要5カ国の保育・幼児教育にかかわる政策を考察。改革途上にある日本へ示唆を提供する。

テルマ ハームス、リチャード M. クリフォード、デビィ クレア共著／埋橋玲子訳
保育環境評価スケール
①幼児版〔改訳版〕　②乳児版〔改訳版〕
B5判・114～120頁・各1900円

保育の第三者評価が実施の途につき、保育の質や自己評価への関心が高まっている。本書は、各国の保育行政や保育者養成・研修等で広く用いられている保育の質の測定ルール。約40項目の尺度のほかに、使用にあたっての手引きや解説を付す。

訓覇法子・田澤あけみ著
実践としての・科学としての社会福祉
―現代比較社会福祉論―
A5判・322頁・3300円

社会福祉を歴史的産物と捉え、実践・科学としての相互依存関係に論究（Ⅰ部）、国際比較（Ⅱ部）によって日本の特質を描出する（Ⅲ部）。Ⅱ部は国別ではなく、所得保障、児童・障害者・高齢者福祉を比較軸にして多様なレジームを考察する。

障害者差別解消法解説編集委員会編著
概説 障害者差別解消法
A5判・170頁・2000円

障害者の自立と社会参加への道を拓くため、2013年に成立した「障害を理由とする差別の解消の推進に関する法律」（2016年4月施行）の制定経緯や概要を詳解。法案に関わった関係者の思いを伝える。丁寧な逐条解説も所収。

ウィリアム・ベヴァリッジ著／一圓光彌監訳・全国社会保険労務士会連合会企画
ベヴァリッジ報告
―社会保険および関連サービス―
A5判・310頁・4200円

日本の制度構築に大きな影響を与え、社会保険の役割と制度体系を初めて明らかにした「古典」の新訳。原書刊行後70年が経過し旧訳を手にすることができないなか、監訳者による詳細な解題を付し、歴史的・現代的な意義を再考する。

村上 文著
ワーク・ライフ・バランスのすすめ
A5判・160頁・1700円

いま、なぜ「ワーク・ライフ・バランス（仕事と生活の調和）」なのか。官民あげて推進することとなった背景や実践方法について基本データや先駆的な事例を挙げて概観し、普及のための視座と作法を提供する。

―法律文化社―

表示価格は本体（税別）価格です